슬로리딩수업,
토의토론을 만나다

슬로리딩수업, 토의토론을 만나다

(행복한 수업을 만드는 한 학기 한 권 읽기, 온 작품 읽기의 모든 것)

[행복한 교과서®] 시리즈 No. 54

지은이 ㅣ 김경훈
발행인 ㅣ 홍종남

2021년 3월 20일 1판 1쇄 인쇄
2021년 3월 27일 1판 1쇄 발행

이 책을 만든 사람들
책임 기획 ㅣ 홍종남
본문 디자인 ㅣ 김성인
표지 디자인 ㅣ 김효정
교정 교열 ㅣ 이홍림
출판 마케팅 ㅣ 김경아
제목 ㅣ 구산책이름연구소

이 책을 함께 만든 사람들
종이 ㅣ 제이피씨 정동수 · 정충엽
제작 및 인쇄 ㅣ 천일문화사 유재상

펴낸곳 ㅣ 행복한미래
출판등록 ㅣ 2011년 4월 5일. 제 399-2011-000013호
주소 ㅣ 경기도 남양주시 도농로 34, 부영e그린타운 301동 301호(다산동)
전화 ㅣ 02-337-8958   팩스 ㅣ 031-556-8951
홈페이지 ㅣ www.bookeditor.co.kr
도서 문의(출판사 e-mail) ㅣ ahasaram@hanmail.net
내용 문의(지은이 e-mail) ㅣ kyoung-hwoon@hanmail.net
※ 이 책을 읽다가 궁금한 점이 있을 때는 지은이 e-mail을 이용해 주세요.

ⓒ 김경훈, 2021
ISBN 979-11-86463-54-3
〈행복한미래〉 도서 번호 085

슬로리딩수업, 토의토론을 만나다

| 김경훈 지음 |

행복한미래

슬로리딩 수업, 성장통을 겪으면서 꽃피우다

저는 2016년쯤 슬로리딩(Slow Reading) 수업에 대해 알게 되었습니다. 슬로리딩 수업의 개념을 처음 접하고 슬로리딩에 대한 개념과 관련 영상을 보고 나니 참 신기하기도 했고, 아이들과 함께 슬로리딩 수업을 해보고 싶다는 생각이 들었습니다. 그래서 그때부터 관련된 책도 읽고, 어떻게 준비해야 할지 고민한 끝에 2017년부터 《수상한 고물상, 행복을 팝니다》라는 책을 함께 읽는 책으로 정하고 수업을 시작할 수 있었습니다.

물론 처음에는 너무 힘들었습니다. 1차시 수업을 준비하는 데 3~4시간 이상 걸렸기 때문입니다. 제가 집필했던 《토의토론수업, 배움을 디자인하다》라는 책에서 밝힌 바 있지만, 2017년에 저는 슬로리딩 수업과 사회 수업을 통한 토의토론 수업을 동시에 진행했기 때문에 수업 준비에만 5시간 이상이 걸렸습니다. 그때는 토의토론 수업만큼은 놓치고 싶지 않았기에 꾸준하게 준비하며 수업할 수 있었지만, 슬로리딩 수업은 그렇지 못했습니다. 그래서 조금 하다가 멈추고, 하다가 멈추면서 슬로리딩 수업을 제대로 끝맺지 못한 채로 2017년이 지났습니다.

2018년이 되었습니다. 작년에 끝맺지 못한 슬로리딩을 끝까지 완주해보고 싶었습니다. 그래서 이전의 자료와 내용을 수정해 다시 시작했습니다. 2017년에는 그림도 그리고 만들기도 하면서 다양한 교과를 활용하여 수업을 진행했는데, 2018년도에는 어느 순간부터 제가 좋아하는 토의토론 수업 방법으로 슬로리딩을 재구성하여 수업을 하고 있었습니다. 그래서 토의토론 수업을 활용하여 슬로리딩 수업을 이끌어 낼 수 있겠구나 하는 새로운 희망이 생겼습니다. 2018년도에는 그렇게 수업을 진행하며 정리했습니다.

2019년이 되었습니다. 2018년에 토의토론 수업에 몰입하다 보니 국어 실력을 향상시킬 수 있는 방법들에 대한 고민이 많이 부족했다는 생각이 들었습니다. 그래서 다시 한번 슬로리딩과 관련된 책과 논문을 읽으며 다양한 자료를 참고했고, 그러자 이전에 부족했던 부분과 이를 보완할 방법들이 보였습니다.

슬로리딩 방법을 고안한 하시모토 다케시 선생님은 학생들의 어휘와 단어, 문법, 문장을 강조했고, 이를 수업 시간에 항상 정리하고 나만의 생각을 적으라고 하셨습니다. 그 방법을 하나하나 따라 하고, 또 수업한 내용을 반성하면서 실제 수업 시간에 학생들이 무리 없이 활동할 수 있는 과정으로 발전해나갔습니다.

저는 다케시 선생님의 말씀대로 국어 실력도 길러주면서, 제가 좋아하는 토의토론 수업도 병행하고 싶었습니다. 토의토론은 학생들의 역량을 기르기 위한 중요한 수업 방법 중 하나이니까요. 그래서 토의토론 수업을 접목하여 저만의 슬로리딩 수업을 만들었고, 2019년도에는 이러한 슬로리딩 수업을 꾸준하게 실천하고 정리했습니다.

이 책에는 슬로리딩 수업에 대한 저만의 철학과 수업 방법이 담겨 있습니다. 저는 오랫동안 슬로리딩 수업에 대해 고민하고 실천하면서 어느 정도 저만의 답을 찾았습니다. 물론 그것이 절대 정답은 아닙니다. 다만 지금까지 슬로리딩 수업에 대해 제가 해온 고민과 생각, 실제로 어떤 수업을 디자인하고 어떤 수업을 했는지를 다른 분과 나누고 싶었습니다. 그리고 슬로리딩 수업에 대해 좀 더 많은 분들이 함께 했으면 하는 바람으로 책을 집필하게 되었습니다. 제 작은 노력이 슬로리딩을 실천하고자 하는 교사, 학부모, 예비교사에게 조금이나마 도움이 되었으면 합니다.

이제부터 토의토론 수업과 슬로리딩에 대해 알아보겠습니다.

목차

3부. 토의토론으로 슬로리딩 수업을 디자인하라

4부. 현장에서 바로 쓰는 슬로리딩 수업 케이스 스토리

슬로리딩수업

1부

좋은 수업에
철학을 담다

좋은 수업은 대화와 상호작용이다

    교사는 매일 학교에서 수업을 하면서도 항상 고민한다. 내가 과연 수업을 잘하고 있는 것일까, 하는 고민이다. 나 역시 매일 수업을 하면서 항상 고민했던 단 하나를 꼽자면 바로 어떤 수업이 좋은 수업인가 하는 것이었다. 이 질문에 답을 할 수만 있다면 절반은 성공이다. 그 답을 따라 노력하면 되기 때문이다. 하지만 여전히 많은 교사들이 어떤 수업이 좋은 수업인지 모르겠다고 토로하고, 자신만의 관점을 정립하는 데 어려움을 겪고 있다.

    4차 산업혁명 시대에 접어드는 현재, 인간의 영역은 점점 더 많이 사라지고 있다. 인간만이 할 수 있던 노동 영역은 어느새 첨단기계와 인공지능으로 대체되고 있다. 단순하거나 반복되는 노동은 인공지능과 첨단기계가 대신할 것이고, 30년 후쯤이면 기술의 발전으로 은행

원, 매표소 직원, 텔레마케터, 가게 점원, 편의점 직원 등은 아예 사라져버릴지도 모른다. 결국 정말로 인간만이 할 수 있는 능력을 발휘하는 직업만 살아남게 될 것이고, 사회 또한 이러한 능력을 가진 사람을 원할 것이다.

그렇다면 인간만이 할 수 있는 능력은 무엇일까? 그것은 창의적 사고력과 의사소통능력이다. 현대 사회에서는 너무나 복잡하고 다양한 문제들이 발생하기에, 천재 한 명이 모든 것을 다 해결할 수 없다. 그런 시대는 지나갔다. 이제는 다양한 사람들이 힘을 합쳐서 문제를 해결해야 하고, 이러한 과정(집단지성)을 통해 사회의 다양한 문제를 해결할 수 있다. 그러므로 교사가 수업을 통해 학생들의 창의성과 의사소통능력을 길러줄 수 있다면, 우선 좋은 수업의 1차적 조건을 갖추었다고 할 수 있을 것이다.

창의성과 의사소통능력은 어떻게 기를 수 있을까? 이전에 저술했던 《토의토론수업, 배움을 디자인하다》라는 책에서도 이 부분을 이야기한 적이 있다. 결론적으로, 그 해답은 바로 대화와 상호작용이다.

미래 사회는 내 생각이 최고라는 아집을 가지거나 다른 사람과 협력하지 않는 사람은 원하지 않는다. 그리고 학생들은 대화와 상호작용을 통해서 원래 가지고 있던 생각을 변형하고 객관화하면서 더 새롭고 좋은 생각으로 나아갈 수 있다. 따라서 교사는 수업에서 학생들에게 이야기할 주제를 주고 함께 대화와 상호작용을 할 수 있도록 안내해야 한다. 여기에 더해 나는 이것이 학교의 존재 이유이자 미래에도 교사가 꼭 필요한 이유라고 말하고 싶다. 학생들에게는 친구들과 직접 만나서 대화하고 부대끼며 상호작용하는 과정이 필요하기 때문이다.

우리는 흔히 교과서가 아닌 성취기준을 가르쳐야 한다고 말한다. 이것은 교사가 교과서의 내용만을 가르치는 것이 아니라, 성취기준을 활용하여 학생들이 최대한 대화와 상호작용을 많이 할 수 있도록 환경을 조성해야 한다는 뜻이기도 하다. 만약 교과서의 내용이나 단순한 지식만을 배우기 위해서라면, 학교가 반드시 필요한 것은 아니다. 학교보다는 학원이, 학원보다는 정말 유명하다는 스타 강사들의 온라인 수업이 학생이 지식을 습득하는 데 더 효과적일 수도 있다.

코로나 19로 인해 요즘은 온라인 수업이 많이 이뤄지고 있다. 그 과정에서 교사와 학교의 존재 이유에 대해 새삼 의문을 갖는 분들도 있다. 많은 분들이 '차라리 한 명이 수백 명, 수천 명을 가르쳐도 되지 않을까?', '가르치는 내용은 같으니, 제일 잘 가르치는 교사 한 명이 가르쳐도 된다'라는 말을 하기도 하지만, 이는 잘못된 생각이다. 교육의 본질, 수업의 본질을 알아야 한다.

단순하게 지식의 전달자로서 교사의 시대는 저물어가고 있다. 이제는 대화와 상호작용을 키울 수 있는 수업을 디자인하는 교사가 필요한 시대가 되었다. 이제부터라도 교사는 수업의 디자이너로서 더욱 고민하고, 새로운 수업을 만들어가야 할 것이다.

02
지식은 재료이다

수업에서 중요한 것은 대화와 상호작용이라고 이야기했다. 그렇다면 기존에 가장 중요하게 다루어왔던 지식은 크게 중요하지 않다는 것일까? 교사는 지식을 어떻게 바라봐야 할까.

나는 과학에 대해 잘 모른다. 그래서 갑자기 상대성이론에 대해서 이야기해보자고 하면 당황할 것이고, 한마디도 말을 못 할지도 모른다. 하지만 내가 좋아하는 배드민턴에 대해서라면 하루 종일도 이야기할 수 있다. 이처럼 이야기하고자 하는 대상에 대해서 많이 안다면, 이야기 내용도 풍성해지고 할 말도 많아진다. 따라서 대화와 상호작용이 잘 이뤄지기 위해서는 관련 지식이 많으면 많을수록 좋다.

그렇다면 지식도 중요하고, 대화와 상호작용도 중요하니 다 똑같이 중요하다는 말인가? 아니다. 나는 수업의 본질은 누가 뭐라 해도 대화와 상호작용이라고 생각한다. 교사가 지식을 많이 가르치는 데에만 집중하고, 거기에 매몰되면 학생들의 대화와 상호작용을 이끌어낼 수 없다. 그러므로 학생들의 대화와 상호작용을 우선순위에 두고, 이런 활동을 하는 데 관련 지식을 어떻게 가르치고 어디까지 알아야 할까 하는 태도로 접근하는 것이 좋다.

물론 지식은 중요하다. 대화와 상호작용을 하기 위해서도 지식이 필요하다. 하지만 꼭 알아야 하는 지식은 성취기준에 이미 제시되어 있고, 기본적으로는 교과서에 있는 지식이면 충분하다. 교사로서 더 많은 지식을 전달해야 하지 않을까 하고 고민이 된다면, '대화와 상호작용을 위해 꼭 필요한 지식, 많이 알면 알수록 좋지만 그것이 전부가 되어서는 안 된다는 것, 꼭 알아야 하는 것은 성취기준'이라는 기본 개념을 되새겨서 방향을 잡는다면 큰 무리가 없을 것이다.

좋은 수업을 위한
'처음 콘서트'를 시작합니다!

슬로리딩수업

| 2부 |

슬로리딩 수업,
토의토론을 만나다

토의토론 수업 :
대화와 상호작용을 극대화시킨다

토의토론 수업은 토의와 토론을 수업에 적용한 것이다. 그렇다면 먼저 토론과 토의는 무엇인지 알아보자.

토론이란 의제에 대해 의견이 분명하게 대립하는 사람들이 모여 일련의 논쟁을 거쳐 바람직한 결론을 도출하는 말하기 방법이다. 자기 주장의 정당성을 강조하고 상대방을 설득한다. 따라서 토론 주제는 찬반양론이 성립되어야 하며, 토론자는 자기주장을 입증할 수 있어야 한다.

이에 비해 토의란 둘 이상의 사람이 모여 공동의 관심사에 대해 의견·정보·지식을 교환하고 적절한 해결책을 모색하는 말하기이다. 궁극적으로 협동적 사고를 통해 최선의 문제 해결책을 마련하기 위한 방법이다. 따라서 대화의 정신과 구성원들의 민주적 참여 및 합의 도출이 필요하다.

비슷해 보이지만 이렇게 토의와 토론은 다르다. 현재 교육과정에서도 토의와 토론을 구별하고 있다. 하지만 실제 수업에서는 토의와 토론이 동시에 이뤄진다. 토론을 할 때 더 좋은 의견을 내기 위해서 한 팀 내에서 토의가 이뤄지기도 한다. 또 토의를 할 때 합의를 이뤄내는 과정에서 서로 치열한 토론이 벌어진다. 이처럼 실제 수업에서는 토의와 토론이 동시에 이뤄지기 때문에 토의토론 수업이라고 부르는 것이 적절하다.

토의토론 수업에 대해 다시 한번 정의해보자. 토의토론 수업은 교사가 그때까지 학습한 결과를 바탕으로 학급 구성원 간에 토의·토론 활동이 활발하게 일어나도록 하여 학생들끼리 서로 묻고 가르쳐주고, 의견도 주고받고, 논쟁도 하면서 함께 학습한 내용과 도출된 결과, 합의된 대안에 대해 확신을 갖도록 하는 수업이다. 학생들은 주제에 대하여 스스로 혹은 팀원들과 함께 찾은 자료를 바탕으로 분류·분석·종합·평가·응용·합성 등을 통해 의견을 주고받으며 대안을 모색하거나 설득·논박하는 과정을 거쳐 합의에 도달하게 된다.*

---

* 이상우, 《협동학습으로 토의토론 달인 되기》, 시그마프레스, 2011, 14쪽.

02

슬로리딩 수업 :
책에서 나를 발견하다

2015 개정 국어과 교육과정에는 '한 학기 한 권 읽기'가 등장했다. 그 전후로 책을 깊이 있게 보자는 사회적 공감대가 형성되었고, 이를 수업으로 가져오면서 '온작품 읽기', '슬로리딩', '깊이 읽기', '함께 읽기' 등 다양한 용어들이 생겨났다. 이들은 각각 조금씩 다른 의미를 지니고 있는데, 하나씩 알아보자.

가. 온작품 읽기란?

온작품 읽기, 온책 읽기라는 말에서 읽기라는 공통된 단어를 빼면 '온작품'과 '온책'이 남는다. '온'은 관형사로서 '전체'나 '전부의', '모두의'라는 뜻을 담고 있다. 꽉 차거나 완전하다는 의미를 더하는 말이다. 즉 '온작품 읽기'는 읽기의 대상이 다양하고 온전한 꼴을 갖추어야 한다는 뜻으로, '온전한 작품을 읽는다'라는 의미가 크다.

이 말은 남한산초등학교에서 '온작품 읽기' 수업을 해오면서 생긴 말이다. 교과서에 단편적으로 실린 1장면으로 문학작품을 이해하는 것이 아니라 원작 전체를 읽음으로써 교과서만으로 느끼기 어려웠던 문학적인 감동과 다양한 의미를 파악하는 데 의의가 있다. [*]

나. 슬로리딩이란?

슬로리딩은 일본의 하시모토 다케시 선생님이 《은수저》라는 소설책 한 권을 3년 동안 읽게 한 수업 방식이다. 이런 수업 방식을 통해 후기 학교에 지나지 않았던 나다 학교를 일본 최고 명문교로 이끌고, 여러 유명 인사들을 배출해낸 것으로 많이 알려졌다. 이 과정은 《슬로리딩: 생각을 키우는 힘》(하시모토 다케시 지음, 장민주 옮김, 조선북스, 2012)이라는 책으로도 발간되었다.

슬로리딩은 한 권의 소설책을 가지고 3년 동안 수업한다는 사실이 중요한 것이 아니라, 놀이를 통해 공부를 재미있게 할 수 있도록 인도하고, 소설책에 나오는 놀이와 관련 활동, 탐구 등을 실제로 해보게

[*] 전국초등국어교과모임, 《이야기 넘치는 교실 온작품 읽기》, 북멘토, 2016, 14쪽, 24쪽.

하며 책을 읽고, 쓰고, 생각하기를 반복하도록 이끈 것이 핵심이다. 슬로리딩은 그 탄생 배경에서부터 우리나라의 '한 학기 한 권 읽기'와 는 조금 다르지만, 학생들이 즐겁게 공부하도록 했다는 점, 책을 읽고 쓰게 하는 방식에서는 비슷한 점도 많다.

다. 깊이 읽기란?

《이제는 깊이 읽기-아이들이 책과 친해지는 새로운 방법》(맘에드림, 2016)이라는 책을 쓴 양효준 선생님은 '깊이 읽기'란 교과서에 분절적 으로 제시된 지문들 대신 책 한두 권을 바탕으로 각 교과 성취기준들 을 유기적으로 연결하여 공부하는 방식이라고 소개한다. 예컨대 박완 서의 《자전거 도둑》을 읽고 작품 속 인물, 배경, 사건을 파악하고 인 물에 공감하는 과정을 글, 그림, 음악, 신체로 표현하는 활동, 토의하 는 활동으로 전개한다. 이런 다양한 활동을 통해 국어과의 문학, 읽 기, 쓰기, 듣기 말하기 영역 성취기준과 체육, 미술, 음악 교과의 성취 기준에 도달하게 하는 것이다.

또 박정순, 김연옥, 성옥자 선생님은 《한 학기 한 권 깊이 읽기에 빠 지다》(북랩, 2017)라는 책에서 '깊이 읽기'란 책을 선정하고 그 책과 관련 하여 읽기 전, 읽는 도중, 읽은 후에 해야 할 활동을 꼼꼼히 기획하여 한 권의 책 읽기를 단계별로 충실히, 다양한 활동을 통해 해낼 수 있 는 방법이라고 제시하고 있다.

라. 한 학기 한 권 읽기란?

위의 방법들은 '한 학기 한 권 읽기'와는 다르다. 또 '한 학기 한 권 읽기'는 책 읽기 수업 방식을 뜻하는 것이 아니라, 책을 읽고 생각을 나누고 자연스럽게 표현하는 단계로 옮겨가도록 하는 수업이다. 각 단계마다 여러 활동을 해볼 수 있으며 책을 선정하는 과정에서 학생이 개별적으로 선정할지, 모둠별로 또는 학급 전체가 함께 선정할지, 책이 선정된 다음에 책을 읽어나가는 방식이나 기간을 어떻게 할지, 읽고 나서 어떤 활동들을 이어나가게 될지 등도 다양하게 선택할 수 있다.

한 선생님께서 프로젝트 수업으로 공개수업을 하시는 것을 참관하고, 수업 후 협의회 자리에서 '프로젝트 수업'이라는 용어에 대해 많은 이야기를 나눈 적이 있다. PBL이란 용어는 Project Based Learning과 Problem Based Learning의 두 가지로 나눌 수 있지 않은지, 또 두 용어의 차이점은 무엇인지, 어떻게 수업에서 이 둘을 잘 구현하여 나타낼 수 있을지 등에 대해 여러 가지 이야기를 나누었다. 그리고 그렇게 치열하게 고민한 끝에 내린 결론은 학생들이 스스로 문제를 찾고, 해결방법을 다른 사람과 논의하여 해결하는 과정 자체가 중요하며, 이를 꾸준하게 구현하는 수업을 하는 것이 중요하다는 것이다.

슬로리딩도 마찬가지다. 슬로리딩 수업이 학교 교육과정과 수업에 들어오게 되면서 용어가 세분화되고 나눠졌는데, 사실 용어 구분은 중요하지 않다. 핵심은 학생들이 온전히 한 권의 책을 전부, 깊게 읽으면서 다양한 역량을 기르고 그 과정에서 성장할 수 있게 하는 것이다.

따라서 이 책에서는 《EBS 다큐프라임 슬로리딩, 생각을 키우는 힘》(정영미, 2015)이라는 책을 참고하여 '슬로리딩'이라는 용어를 정의하려 한다. 슬로리딩이란 한 권의 책을 매 수업마다 조금씩 읽어가면서 단어와 문장에 대해 주목하고, 주인공이 겪은 일에 대해 토론도 하면서 실제로 체험도 해보는 등의 활동이다. 교재는 한 권이지만 공부의 깊이와 폭은 무한히 넓어지는 수업이다.

〈알쓸신잡(알아두면 쓸데없는 신비한 잡학사전)〉이라는 TV 프로그램을 종종 본 적이 있다. 출연자 중 한 명인 김영하 작가는 자신의 소설 작품을 교과서에 싣고 싶다는 제안을 단숨에 거절했다고 말했다. 그리고 그 이유로 문학작품은 짧은 일부분만으로는 작품을 이해하거나 감동을 느끼기 어려우며, 자신의 작품이 작품으로서 존중받지 못하고 부분적으로 발췌되어 학습목표를 달성하기 위한 도구로써 사용되는 것을 원치 않기 때문이라고 말했다.

김영하 작가의 말처럼, 하나의 문학작품을 처음부터 끝까지 살펴보고 하나하나 깊게 고민하며 나만의 것으로 소화시키는 것은 중요하다. 2015 개정 교육과정에서는 교과서를 가르치는 것보다 성취기준을 가르치는 것을 강조한다. 따라서 교사의 전문성을 존중하고 성취기준

에 적합하다면 교사가 자유롭게 교육과정을 재구성해도 된다는 것을
각 교과 교육과정 및 교육과정 총론에도 명문화했다. 그리고 더 나아
가 초등학교 3학년 이상부터는 국어 교과에 독서단원을 만들어서 슬
로리딩을 할 수 있도록 했다.

그렇다면 국어 교육과정에서 제시하고 있는 독서단원의 개념과 설
정 근거, 수업 원리 및 교사의 역할 등에 대해 알아보자.

가. 독서단원의 개념

(1) 독서단원은 2015 개정 교육과정의 '한 학기 한 권 읽기'를 국어
    교과서에 반영한 특화단원이다. (초등학교 3학년~고등학교 지속)

(2) 독서단원은 매 학기 수업 시간에 책 한 권을 끝까지 읽고, 타인과
    생각을 나눈 뒤에 자기 생각을 쓰는 활동으로 구성했다.

(3) 독서단원은 국어과 수업 시수 안에서 특별하게 계획한 독서 경험
    을 제공한다. 교사와 학생이 자유롭게 선택하고 새롭게 구성해
    교수·학습 과정에서 독서가 이루어지도록 구성했다.

(4) 독서단원은 독서 습관의 지속과 내면화를 위해 한 학기에 한 단
    원(8차시 이상)으로 구성하는 것을 기본으로 하며, 학교 도서관 및
    교실 상황, 교육과정 및 교과서 재구성에 따라 수업 시기를 자유
    롭게 정해 탄력 있게 운영한다.

나. 3~6학년군 독서단원 설정의 근거

(1) 2015 개정 국어과 교육과정

4. 교수 · 학습 및 평가의 방향

가. 교수 · 학습 방향

(2) 국어 활동의 총체성을 고려하여 통합형 교수 · 학습을 계획하고 운영한다.

⑥ 한 학기에 한 권, 학년(군) 수준과 학습자 개인의 특성에 맞는 책을 긴 호흡으로 읽을 수 있도록 도서 준비와 독서 시간 확보 등의 물리적 여건을 조성하고, 읽고, 생각을 나누고, 쓰는 통합적인 독서 활동을 학습자가 경험할 수 있도록 한다.

※ '읽고, 생각을 나누고, 쓰는' 통합적인 수업 설계 시 다양한 성취기준을 연계할 수 있음.

[4국02-05] 읽기 경험과 느낌을 다른 사람들과 나누는 태도를 지닌다.

[4국03-05] 쓰기에 자신감을 갖고 자신의 글을 적극적으로 나누는 태도를 지닌다.

[4국05-05] 재미나 감동을 느끼며 작품을 즐겨 감상하는 태도를 지닌다.

[6국01-02] 의견을 제시하고 함께 조정하며 토의한다.

[6국01-03] 절차와 규칙을 지키고 근거를 제시하며 토론한다.

[6국02-03] 글을 읽고 글쓴이가 말하고자 하는 주장이나 주제를 파악한다.

[6국02-06] 자신의 읽기 습관을 점검하며 스스로 글을 찾아 읽는 태도를 지닌다.

[6국03-06] 독자를 존중하고 배려하며 글을 쓰는 태도를 지닌다.

[6국05-01] 문학은 가치 있는 내용을 표현하여 아름다움을 느끼게 하는 활동임을 이해하고 문학 활동을 한다.

[6국05-05] 작품에 대한 이해와 감상을 바탕으로 하여 다른 사람과 적극적으로 소통한다.

(2) 2015 개정 국어과 교과용 도서 편찬상의 유의점

> (7) 매 학기 한 권, 교과서 밖의 책을 수업 시간에 완독하고, 타인과 생각을 나눈 후 자기 생각을 쓰는 데 도움이 되도록 통합적인 수업 활동을 개발한다.

다. 독서단원의 설정 목적과 목표

(1) 독서단원은 읽고, 생각을 나누고, 표현하는 통합적인 독서 교육을 강화하기 위한 취지로 설정했으며, 학생의 독서 능력 향상과 독서 태도 증진과 독서 습관 지속을 목적으로 한다. 또 미래 사회가 요구하는 핵심 역량 함양을 기반으로 하여 바른 인성을 갖춘 창의 융합형 인재 양성을 추구한다.

(2) 학생이 스스로 한 학기에 책 한 권을 선정해 읽고, 생각을 나누고, 다양하게 표현함으로써 독서의 즐거움을 맛보게 한다.

(3) 학생들이 책을 읽는 과정에서 자연스럽게 독서 전략을 익히고, 책을 읽고 여러 가지 활동을 하는 과정에서 생각하는 힘을 기르도록 돕는다.

(4) '한 학기 한 권 읽기' 경험을 축적해 학생들이 정서와 상상력을 기르고 생활 속의 독서를 지향함으로써 평생 독자로 성장하는 기반을 마련한다.

라. 독서단원 수업 원리

(1) 되도록 학생이 스스로 책을 선택하도록 한다. 이때 교사는 인문, 사회, 과학, 예술 분야의 도서를 균형 있게 제공한다. 문학의 경우에도 시, 소설, 극본 같은 다양한 분야의 책을 제공한다.

(2) 학생이 책을 선정할 때에는 책 선정 기준이나 전략을 활용하도록 유도하고, 자기 수준에 맞는 양질의 책을 선정하도록 안내한다.

(3) 독서 준비 단계에서는 읽는 목적이나 읽기 상황 등을 고려해 책을 선정하게 하되, 미리 보기, 예측하기, 배경지식 활성화하기와 같이 학생이 책 읽기에 동기를 가지고 좀 더 적극적으로 독서를 준비할 수 있도록 유도한다.

(4) 독서 단계에서는 책을 읽으며 자신의 경험과 관련 지어 읽기, 추론하며 읽기, 궁금한 내용을 질문하며 읽기, 줄거리나 주제 파악하며 읽기, 자신의 읽기 활동을 점검하며 읽기와 같은 활동을 강조함으로써 좀 더 깊이 있게 책 내용을 이해하고 수용하도록 유도한다.

(5) 독서 후 단계에서는 독서 토의나 독서 토론을 포함해 다양한 활동을 해봄으로써 서로의 생각을 공유하면서 사고를 심화 · 확장하도록 유도한다.

(6) 일련의 독서 과정이 끝난 뒤에는 지속적으로 책을 더 찾아 읽을 수 있도록 하여 독서 습관을 형성하도록 한다.

(7) 독서 참여 형태로는 개별, 짝, 모둠, 학급 전체가 있는데, 목적이

나 학급 상황을 고려하여 적절히 선택해 운영한다.

(8) 독서단원은 국어 교과뿐만 아니라 다른 교과와 통합해 운영할 수 있다.

(9) 학교에서는 교실뿐만 아니라 학교 차원에서 다양하고 풍부한 독서가 가능한 환경을 구축함으로써 학생들의 폭넓은 독서 경험을 지원한다.

(10) 독서 토의(토론)의 주제를 선정할 때에는 그것이 독서 능력과 태도를 증진하는 데 도움이 되는지를 생각해야 한다. 독서 능력과 태도를 기르려면 읽은 책을 깊이 이해하고 감상하는 데 도움이 될 만한 주제를 선택한다. 비판적 안목을 기른다는 목적으로 자칫 해당 작품의 깊이 있는 이해와 감상을 방해해서는 안 된다. 예를 들어《선녀와 나무꾼》에서 '나무꾼이 선녀의 옷을 훔친 것은 절도죄에 해당하는가'와 같은 주제는 해당 작품을 깊이 있게 감상하는 것을 방해할 수 있다. 이렇게 하면 이야기 자체가 성립하지 않을 수 있으므로 주제 선정을 신중하게 해야 한다.

(11) 독서 결과 평가에 치중하느라 학습 책무성을 강조해 학생의 독서 동기와 의욕을 떨어뜨리지 않도록 한다.

(12) 교사와 학급 구성원이 독서 경험을 함께 만들어갈 때 교과서에 제시된 활동을 다양한 예시 차원으로 참고하도록 한다.

마. 독서단원 운영을 위한 교사의 역할

(1) 교사는 도서 선정 활동에서 학생들의 관심과 흥미, 자율성을 강조해야 한다. 도서 선정은 독서단원에서 매우 중요하다. 도서를 선정할 때 교사가 정해주는 지정 도서뿐만 아니라 학생들이 스스로 선택하는 자유 도서를 권장할 필요가 있다. 학생들은 교사가 정해주는 지정 도서보다 자신이 선택한 도서를 끝까지 읽을 가능성이 높기 때문이다. 단, 초등학교 저학년은 도서 선택의 폭이 너무 넓으면 선택하지 못하는 '선택의 과부담'을 겪을 수 있다. 이런 때에는 교사가 선택범위를 어느 정도 제한해 그중에서 자신이 읽고 싶은 책을 선택하도록 안내하는 것이 좋다.

(2) 교사는 다양한 독서 참여 형태를 학생들에게 안내하고 적용해야 한다. 독서 참여 형태는 독서단원에서 매우 중요하다. 학급 상황에 맞게 대집단(학급 전체), 소집단(모둠), 짝, 개별 같은 각 독서 참여 형태의 장단점을 고려하여 활용해야 한다. 대집단(학급 전체)의 경우 모든 학생이 동일한 도서를 읽고 같은 활동에 참여하므로 교사가 학생을 관리하고 수업을 조절하는 데는 유용하지만, 학생들의 개인별 관심사를 고려하지 못할 수도 있다. 한편, 개별의 경우 자신의 수준과 능력에 맞게 책을 읽어갈 수 있어 개인의 권한을 최대로 부여할 수 있으나, 교사가 개별 학생의 읽기 활동 전체를 관리하기가 어렵다. 교사는 독서 참여 형태를 일방적으로 정하지 않고 학생의 의견을 최대한 존중하여 정하되, 다양한 독서

참여 형태를 시도해보도록 안내해야 한다.

(3) 교사는 도서 준비를 순차적으로 해야 한다. 학급 아이들과 어떻게 책을 읽을지 먼저 의논한 뒤에, 읽을 책을 어떻게 마련할지를 생각해야 한다. 이때 교사는 학생들이 양질의 도서를 선택할 수 있도록 학급 문고나 학교 도서관에 다양한 도서를 준비한다. 특히 짝과 함께 읽기, 모둠 친구들과 읽기, 학급 친구 모두가 같은 책을 읽기로 한 경우에는 먼저 읽을 책을 선정한 뒤에 필요한 수만큼 도서를 준비해야 한다.

(4) 교사는 독서 수업에 적합한 물리적 환경을 갖추어야 한다. 교실에서는 간단한 재배치만으로도 독서에 적합한 환경을 만들 수 있다. 가령 학급 전체 토의를 할 때 책상을 타원형이나 반원형으로 꾸미면 구성원에게 하나의 독서 공동체라는 소속감을 줄 수 있다. 또 다양한 독서 자료를 이용할 수 있는 여건을 마련해주어야 한다. 학생 주변에 늘 책이 가까이 있고, 게시판에 책 정보를 제시하면 좋다.

(5) 독서 수업에 도움이 되는 정서적 환경도 조성해야 한다. 교사는 학생들에게 독서에 대한 자신감을 지니도록 격려하는 등 긍정적인 분위기를 조성한다. 학기 초에 독서단원에 대해 전반적으로 설명하고, 독서 수업을 우선순위에 두어 학생들에게 독서할 시간을 충분히 확보해주어야 한다. 또 적절한 모둠 편성, 학습자 수준에 맞는 토의 주제 선정, 서로 협력하는 분위기 같은 정서적 환경도 갖추도록 한다.

(6) 교사는 독서 토의에서 지켜야 할 규칙을 학생들이 함께 나누도록 지도해야 한다. 독서 토의를 할 때 말할 차례를 지키고 타인의 의견을 존중하며, 자신의 주장을 뒷받침할 근거를 읽은 책에서 가져오도록 한다. 또 학생들에게 진행자, 기록자, 다른 모둠과 의견을 나눌 발표자 등 역할을 부여함으로써 독서 토의의 효율성을 높일 수 있다. 학생들이 다양한 역할을 경험할 수 있도록 역할을 순환시키는 것이 좋다. 이후 모둠 토의에 익숙해지면 학생들이 모둠 운영과 관리의 권한을 맡도록 허용하는 것이 좋다.

(7) 교사는 평가할 때 독서 과정에 나타난 독서 행동, 정의적 영역을 중심으로 평가해야 한다. 독서 결과물이나 독서감상문 등만을 평가하는 결과 평가는 바람직하지 않다. 독서 결과물이나 독서감상문을 평가하면 학생들은 자신의 반응을 솔직하게 드러내기보다 좋은 평가를 받을 목적으로 글을 쓰려고 할 것이다. 따라서 독서 단원 평가를 할 때에는 독서 준비 단계, 독서 단계, 독서 후 단계 등 각 독서 과정에 나타나는 다양한 독서 행동과 정의적 영역을 평가하는 것이 바람직하다.

04

3~4학년의 슬로리딩 수업,
나를 표현하다

3~4학년군에서는 학생들이 처음으로 독서단원을 접하는 시기인 만큼 슬로리딩 수업을 통해 처음에는 자신을 발견하고 표현하는 수업 활동을 위주로 진행하면 좋다. 차츰 슬로리딩 수업이 익숙해지면 친구들과 상호작용을 위주로 하는 표현활동이나 토의토론 활동으로 발전해나간다.

학년 학기	단원 성취기준	단원 학습 목표	차시 학습 목표	주요 활동
3-1	읽기(5) 읽기 경험과 느낌을 다른 사람과 나누는 태도를 지닌다. 쓰기(5) 쓰기에 자신감을 갖고 자신의 글을 적극적으로 나누는 태도를 지닌다.	책을 끝까지 읽고 중요한 내용이나 인상 깊은 장면을 말할 수 있다.	읽을 책을 정하고 내용을 예상할 수 있다.	• 표지와 그림을 살펴보고 내용 예상하기
			자신의 경험과 관련지어 책을 읽을 수 있다.	• 자신의 경험과 관련지어 책 읽기
			책 내용을 간추리고 생각을 나눌 수 있다.	• 선택 1. 새롭게 안 내용 정리하기 • 선택 2. 인상 깊은 장면 표현하기 • 선택 3. 인물에게 선물하기
3-2	문학(5) 재미나 감동을 느끼며 작품을 즐겨 감상하는 태도를 지닌다. 읽기(5) 읽기 경험과 느낌을 다른 사람과 나누는 태도를 지닌다.	책을 끝까지 읽고 생각이나 느낌을 말할 수 있다.	읽을 책을 정하고 내용을 예상할 수 있다.	• 제목과 표지를 살펴보고 내용 예상하기
			인상 깊은 내용을 정리하며 책을 읽을 수 있다.	• 인상 깊은 내용을 정리하며 책 읽기
			책 내용을 간추리고 생각을 나눌 수 있다.	• 선택 1. 새롭게 안 내용 정리하기 • 선택 2. 책 소개하기 • 선택 3. 비슷한 점과 다른 점 찾기
4-1	문학(5) 재미나 감동을 느끼며 작품을 즐겨 감상하는 태도를 지닌다. 쓰기(5) 쓰기에 자신감을 갖고 자신의 글을 적극적으로 나누는 태도를 지닌다.	책을 꼼꼼히 읽고 중요한 내용이나 인물에 대해 말할 수 있다.	읽을 책을 정하고 내용을 예상할 수 있다.	• 책의 차례와 글을 훑어보고 내용 예상하기
			국어사전을 활용하며 책을 읽을 수 있다.	• 국어사전을 활용하며 책 읽기
			책 내용을 간추리고 생각을 나눌 수 있다.	• 선택 1. 개념지도 그리기 • 선택 2. 상장·주의 만들기 • 선택 3. 등장인물 소개하기

학년 학기	단원 성취기준	단원 학습 목표	차시 학습 목표	주요 활동
4-2	읽기(5) 읽기 경험과 느낌을 다른 사람과 나누는 태도를 지닌다. 문학(5) 재미나 감동을 느끼며 작품을 즐겨 감상하는 태도를 지닌다.	책을 꼼꼼히 읽고 생각이나 느낌을 말할 수 있다.	읽을 책을 정하고 내용을 예상할 수 있다.	• 책의 저자와 머리말을 살펴보고 내용 예상하기
			궁금한 점을 떠올리며 책을 읽을 수 있다.	• 궁금한 점을 떠올리며 책 읽기
			책 내용을 간추리고 생각을 나눌 수 있다.	• 선택 1. 개념 지도 그리기 • 선택 2. 책 속 좋은 구절 말하기 • 선택 3. 독서 토의하기

05
5~6학년의 슬로리딩 수업, 상호작용을 터득하다

5~6학년군에서는 고차적 사고력이 발생하는 시기로서 학생들의 문제해결력, 의사결정능력, 비판적 사고력, 창의적 사고력을 길러주어야 한다. 이를 위해 학생들이 다른 친구들과 토의토론, 교육연극, 프로젝트 학습 등으로 서로 상호작용을 하며 책을 깊이 있게 읽을 수 있도록 수업을 디자인하는 것이 좋다.

학년 학기	단원 성취기준	단원 학습 목표	차시 학습 목표	주요 활동
5-1	〔6국01-02〕의견을 제시하고 함께 조정하며 토의한다. 〔6국02-06〕자신의 읽기 습관을 점검하며 스스로 글을 찾는 읽는 태도를 지닌다. 〔6국05-05〕작품에 대한 이해와 감상을 바탕으로 하여 다른 사람과 적극적으로 소통한다.	문학 작품을 읽는 능력과 태도를 기를 수 있다.	읽을 책을 정하고 책을 미리 볼 수 있다.	• 읽을 책 정하기 • 책 미리 보기
			책을 즐기며 읽을 수 있다.	• 장면을 떠올리며 읽기 • 상상하며 읽기
			책 내용을 간추리고 생각을 나눌 수 있다.	• 독서 토의하기 • 선택 1. 책 평가하기 • 선택 2. 책 띠지 만들기
5-2	〔6국05-05〕작품에 대한 이해와 감상을 바탕으로 하여 다른 사람과 적극적으로 소통한다. 〔6국03-06〕독자를 존중하고 배려하며 글을 쓰는 태도를 지닌다. 〔6국02-06〕자신의 읽기 습관을 점검하며 스스로 글을 찾아 읽는 태도를 지닌다.	자신의 관심 분야와 관련한 인물이나 사건을 담은 책을 읽는 능력과 태도를 기를 수 있다.	읽을 책을 정하고 책을 훑어볼 수 있다.	• 읽을 책 정하기 • 책 훑어보기
			질문하거나 비판하며 책을 읽을 수 있다.	• 질문하며 읽기 • 비판하며 읽기
			책 내용을 간추리고 생각을 나눌 수 있다.	• 독서 토론하기 • 선택 1. 책 속 인물하게 편지쓰기 • 선택 2. 독서 신문 만들기
6-1	〔6국01-03〕절차와 규칙을 지키고 근거를 제시하며 토론한다. 〔6국05-05〕작품에 대한 이해와 감상을 바탕으로 다른 사람과 적극적으로 소통한다. 〔6국02-06〕자신의 읽기 습관을 점검하며 스스로 글을 찾아 읽는 태도를 지닌다.	우리 주변 문제를 다룬 책을 읽고 독서 능력과 태도를 기를 수 있다.	읽을 책을 정하고 책 내용을 예측할 수 있다.	• 읽을 책 정하기 • 책 내용 예측하기
			책을 깊이 있게 읽을 수 있다.	• 스스로 점검하며 읽기 • 중심 내용을 찾으며 읽기
			책 내용을 간추리고 생각을 나눌 수 있다.	• 독서 토론하기 • 선택 1. 포스터 만들기 • 선택 2. 건의하는 글 쓰기

학년 학기	단원 성취기준	단원 학습 목표	차시 학습 목표	주요 활동
6-2	[6국01-02] 글을 읽고 글쓴이가 말하고자 하는 주장이나 주제를 파악한다. [6국01-02] 자신의 읽기 습관을 점검하며 스스로 글을 찾아 읽는 태도를 지닌다. [6국01-02] 문학은 가치 있는 내용을 언어로 표현하여 아름다움을 느끼게 하는 활동임을 이해하고 문학 활동을 한다.	사람들의 삶을 다룬 책을 읽고 독서 능력과 태도를 기를 수 있다.	읽을 책을 정하고 책을 읽는 목적을 확인할 수 있다.	• 읽을 책 정하기 • 책을 읽는 목적 확인하기
			다른 작품과 관련짓거나 질문하며 책을 읽을 수 있다.	• 다른 책 또는 작품과 관련지어 읽기 • 질문하며 읽기
			책 내용을 간추리고 생각을 나눌 수 있다.	• 독서 토론하기 • 선택 1. 책을 추천하는 글 쓰기 • 선택 2. 책 광고 만들기

06 우리 학급에서 토의토론 문화를 만든다

토의토론 수업을 하기 위해서는 먼저 학급에 토의토론 문화를 만들어야 한다. 학생들이 수업에서 자신의 생각을 표현하지 못하거나, 말소리가 너무 작아서 다른 친구들이 듣기 어렵다면 수업이 재미없고, 교사가 계획한 대로 진행되기도 어렵기 때문이다.

토의토론 수업을 하기 전에 필요한 첫 번째 준비는 목소리를 키우는 것이다. 토의토론 수업에서는 자신의 생각을 상대방에게 전달해야 한다. 유대인의 토론식 공부 방법인 하브루타는 먼저 또박또박 크게 글을 읽는 것부터 시작한다. 자신의 생각을 크고 자신 있게 말하는 것은 매우 중요한데, 큰 소리로 읽다 보면 그에 따라 자신감도 커지게 되기 때문이다. 따라서 만약 소극적인 학생이 있다면 큰 소리로 책을 읽을 때마다 칭찬을 아끼지 않는 것이 좋다. 나는 3월에 처음 학생들을 만나면 한 달 동안 학생들의 목소리를 키우는 것에 모든 힘을 쏟는다.

두 번째는 발표를 한 후 '왜냐하면'이란 말을 붙이는 것이다. 어떤 발표든 좋다. 자신의 생각을 말한 후 '왜냐하면'이라고 덧붙여 설명하도록 한다.

학생들을 처음 만나서 자기 생각을 말해보라고 하면 주로 단답형으로 대답한다. 이것은 논리적으로 말하는 훈련이 부족하기 때문이다. 말하는 방법을 모르는 것이다. '왜냐하면'이라는 말은 이것을 해결하는 데 굉장한 힘을 발휘한다. 발표 또는 토의토론 시에 자신의 생각을 말한 후 '왜냐하면'이라는 말을 붙이는 습관을 들이면, 그 이유와 근거를 설명해야 하므로 자연스럽게 논리적으로 말하는 것이 훈련된다. 그리고 이를 꾸준하게 적용하면 점차 실제로 논리적인 사람으로 변하게 된다. 1~2개월 뒤에는 학생들이 자연스럽게 주장과 근거를 들어 발표하거나 토의토론을 진행하는 모습을 볼 수 있을 것이다. 이처럼 '왜냐하면'이라는 말은 논리적으로 말할 수 있는 큰 힘을 길러준다.

세 번째는 모둠 구성이다. 보통 학생들에게 스스로 모둠을 구성하라고 하면 남자 모둠, 여자 모둠과 같이 성별에 따라 구성하는 경우가 많다. 토론을 할 때에도 같은 성별끼리 같은 팀을 하려는 경향이 있다. 그래서 나는 학급을 운영할 때 모둠 구성만큼은 학생들이 절대로 침범할 수 없는 영역으로 남겨둔다. 최대한 남녀 성비를 맞추고, 다양한 수준의 학생들이 모여서 모둠을 구성할 수 있도록 하기 위해서이다. 토의토론이 즐거운 이유는 다양한 사람들의 이야기를 듣고, 다양한 배움을 얻을 수 있기 때문이다. 그러므로 모둠을 구성할 때는 다양한 수준의 구성원들이 비슷한 성비로 구성되어야 훨씬 재미있고 즐거운 토의토론을 할 수 있다.

모둠 구성원의 구성도 중요하지만 모둠 대형도 중요하다. 나는 보통 ㄷ자 대형을 많이 사용하는데, 학생들이 서로의 얼굴을 바라보며 토의토론하기에 좋은 대형이기 때문이다. 모둠별 활동에서 ㄷ자 대형의 앞줄에 앉은 학생들은 책상을 옮기지 않고 몸을 돌려 뒤를 보며 활동을 할 수 있고, 모둠 활동을 마친 후에는 ㄷ자 대형의 가운데 빈 공간에서 결과 발표를 할 수도 있다. 이런 모둠 대형은 학생들이 모둠 활동을 하고, 그 결과를 자연스럽게 전체 앞에서 발표하고 공유하는 데 도움을 줄 수 있다.

ㄷ자 모둠대형에서
역할놀이 시연 활동 모습

ㄷ자 모둠대형에서
물레방아 토론 활동 모습

우리 학급에서
새로운 문화를 만들어갑니다!

슬로리딩수업

3부

토의토론으로
슬로리딩 수업을 디자인하라

성취기준 달성은
한 권의 책으로도 가능하다

교과서 바라보기

교사가 학생들에게 가르쳐야 할 것은 교과서의 내용이 아니라 성취기준이다. 내용은 성취기준이라는 음식을 만들기 위한 재료일 뿐이다. 맛있는 음식을 만들려고 할 때 모든 재료가 다 필요한 것은 아니다. 그 음식에 필요한 재료만 있으면 된다. 즉 교과서의 내용은 성취기준을 배우기 위한 재료일 뿐이다. 이 전제만 확실히 가지고 있으면 교과서를 보는 눈이 한결 편해진다. 수업에 들어가기 전에 성취기준을 보고 수업할 차시의 내용이 성취기준과 연관되지 않는다면, 가르치지 않아도 된다. 또 교과서에 없는 다른 자료를 포함해서 가르쳐도 된다.

8 단원 작품으로 경험하기

1 단원의 개관

이 단원은 자신의 경험을 떠올리며 영상을 감상하고, 감상한 내용을 다양하게 표현하는 능력을 기르는 것이 목적이다. 여행으로 하는 직접 체험과 영상 자료로 하는 간접 체험 모두 점차 많아지고 있다. 따라서 직접 체험과 간접 체험을 서로 비교해 보완하며 감상하는 능력을 신장하는 것이 중요하다. 또 감상한 것을 다양하게 표현하면서 서로 공유하는 과정은 유용한 학습 과정이다.

이 단원의 활동으로 학생들은 자신의 경험을 떠올리며 영상 자료를 보고 영상 속 내용과 자신의 경험을 비교해 다양하게 표현하는 방법을 배우게 된다. 이 과정에서 학생들은 직접 체험과 간접 체험을 비교하는 감상 능력을 신장하고, 이를 공유하는 과정에서 자신의 체험을 친구들과 나누는 즐거움을 경험하게 될 것이다.

이 단원의 국어과 교과 역량은 '문화 향유 역량'이다. 이 단원에서는 영상 매체를 보고 서로의 생각이나 느낌을 공유함으로써 문화적 체험을 즐기고, 심미적 능력을 함양하고자 한다.

2 단원의 계열

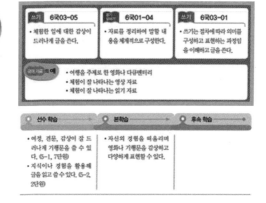

이 단원에서는 자신의 경험을 떠올리며 영상을 감상한 뒤, 영화 속 내용과 자신의 경험을 비교해 다양하게 표현하는 활동을 한다.

이 단원의 선수 학습으로는 5학년 1학기 7단원 "여정, 견문, 감상이 잘 드러나게 기행문을 쓸 수 있다."와 5학년 2학기 2단원 "지식이나 경험을 활용해 글을 읽고 쓸 수 있다."가 있다.

교사용 지도서에서 볼 수 있는 성취기준

다시 말하지만, 교과서는 성취기준을 학생들이 배우기 위한 재료일 뿐 그 이상도, 그 이하도 아니다. 성취기준을 가르치기 위해서는 교과서를 활용할 수도 있고, 다른 자료를 활용할 수도 있다. 교사는 자율적으로 교육과정을 재구성할 수 있으며, 이때 사용할 수 있는 많은 자료들 중 하나가 바로 '한 권의 책'이다. 그리고 슬로리딩은 한 권의 책을 통해 교육과정에 제시된 다양한 성취기준을 달성하는 한 가지 방법인 것이다.

토의토론 수업의 핵심,
도약과제를 찾아라

    토의토론을 하기 위해서는 먼저 주제가 필요하다. 무엇에 대해 토의토론을 해야 할까?

    학생들이 성취기준 하나를 이해하기 위해서는 보통 2~3시간의 수업이 필요하다. 그래서 한 차시 수업의 배움 주제와 공통적으로 포함된 성취기준을 찾고, 실제 수업 시간에는 그 내용과 관련된 수업을 해야 한다.

    나는 슬로리딩 수업을 하면서 수업 시간에 다뤄야 할 주제를 도약과제라고 부른다. 도약과제는 성취기준을 이해하기 위해 본 차시 수업에서 달성해야 할 과제, 즉 학생의 역량을 도약시킬 수 있는 과제를 의미한다.

    슬로리딩 한 차시 수업에서 도약과제를 찾는 것은 무엇보다 중요하다. 수업 시간에 무엇을 이야기하고 배울 것인지가 그 수업의 방향을 결정하기 때문이다.

한 번의 토의토론 활동에는 일반적으로 약 8~15분 정도가 소요된다. 즉 40분 수업이면 보통 2~3가지의 토의토론 과정이 들어갈 수 있다. 학생들이 다 함께 활발하게 참여할 수 있는 수업을 하기 위해서는 토의토론 활동이 너무 적어서도 안 되고, 또 너무 많아서도 안 된다. 다음 챕터에서 언급하겠지만 보통 교과수업 한 차시에는 2개의 토의토론 활동이, 슬로리딩 한 차시 수업에는 약 1개의 토의토론 활동이 적당하다.

종합해보면, 슬로리딩 수업에는 1개의 도약과제로 토의토론 수업을 진행하면 좋다는 결론이 나온다. 그렇다면 도약과제는 어떻게 찾을 수 있을까?

일반 교과 수업에서 토의토론 도약과제를 찾는 방법은 생각보다 쉽다. 이에 대해서는 《토의토론수업, 배움을 디자인하다》라는 책에서 자세히 설명했다. 하지만 슬로리딩 수업에서 도약과제를 찾으려면 교사가 미리 가르칠 부분의 책을 읽어보고, 어떤 주제로 이야기하면 좋을지 고민하는 수밖에 없다.

이 과정은 쉽다면 쉽고 어렵다면 어려운 과정이다. 만일 디베이트 토의토론을 한다면 토론 논제가 도약과제가 될 수 있다. 또 협력적 토의토론을 한다면 성취기준과 모둠원들이 어떤 내용을 함께 이야기하고 공유할 것인가를 접목하여 고민하다 보면 적절한 도약과제가 떠오를 것이다.

　아직은 토의토론 수업에 익숙하지 않아서 겁이 나거나 어려울 것 같은 생각이 들 수도 있지만, 너무 겁내지 않아도 된다. 다음 챕터에는 내가 실제로 디자인했던 수업 흐름을 소개한다. 천천히 하나씩 적용하다 보면 금세 감이 올 것이다.

성공하는 슬로리딩 수업을 디자인하는 7가지 비법

 나는 매 차시 슬로리딩 및 사회 수업을 토의토론으로 재구성하여 수업을 진행하였다. 처음에는 슬로리딩 수업 한 시간을 디자인하는 데 3시간이 넘게 걸렸지만, 3년 동안 꾸준히 이런 재구성 과정을 해오다 보니, 이제는 10분 정도면 한 시간짜리 수업을 구성할 수 있게 되었다. 개인적으로 작성하는 지도안 틀에 정리까지 해도 20분 정도면 끝낼 수 있다.

 이렇게 토의토론으로 수업을 재구성하는 일에 익숙해지고 나니, 나만의 수업 디자인 방법이 있다는 것을 깨닫게 되었다. 그 방법을 여기에 소개한다. 다음의 방법을 보고, 이제 실제로 어떻게 적용되는지 알아보자.

〈빠르고 효과적인 토의토론 수업 디자인 방법〉

1. 가르칠 부분의 글밥의 양을 정한다.
2. 성취기준과 배움 주제를 파악한다.
3. 아이들과 이야기를 나누고 싶은 도약과제 1개를 정한다. (매우 중요함)
4. 도약과제를 해결할 수 있는 토의토론 방법을 결정한다.
5. 평가계획을 수립한다.
6. 성독하기, 핵심 판서, 토의토론 방법 등 수업의 흐름을 계획한다.
※ 내가 생각하는 슬로리딩 수업 흐름 및 과정을 안내한다. 자세히 읽어본다.
7. 마지막 최종 점검 및 간이지도안을 작성한다.

1. 가르칠 부분의 글밥의 양을 정한다

수업시간이 정해져 있으므로 수업이 너무 일찍 끝나거나 늦게 끝나면 안 된다. 그래서 한 시간에 학생들이 소화할 수 있는 글밥의 양을 정하는 것이 매우 중요하다. 교사는 학생들의 학습 수준을 가장 잘 알고 있기 때문에, 가르치는 학생들의 수준에 맞추어 정하면 된다. 처음에는 글밥의 양을 적게 시작하고, 후에 적응이 되면 점점 늘려가는 것이 좋다.

오늘 내가 가르칠 글밥의 양은 소설책 71~74쪽까지다. 교사는 이와 관련된 내용을 미리 읽어보고 확인한다.

고물상의 두 번째 손님, 이진리

"이진리! 왜 또 성적이 이 모양이야? 왜 점점 떨어져? 내가 왜 이 고생을 하는데? 남자나 만나고 다니니까 성적이 떨어지지!"

그렇다. 나 이진리에게 가장 큰 약점은 바로 성적이다. 성적을 걱정하는 것은 곧 내 진로와 미래를 걱정하는 것으로 이어진다.

"엄마는 나한테 관심도 없잖아. 엄마가 밖에서 돈을 버는 이유가 꼭 나 때문이야?"

'얼마 전 남자 친구와 헤어져서 안 그래도 우울해 죽겠는데 엄마는 또 공부, 공부 타령이잖아.'

끊임없이 남자 친구를 사귀던 그 순간만큼은 내가 사랑받는다고 느껴져서 좋았다. 하지만 재혁 오빠와 헤어진 후로 편지 기운이 없었다.

71

엄마는 항상 나 때문에 일한다고 말한다. 하지만 나는 오히려 엄마가 집에 있었으면 좋겠다. 아니, 적어도 저녁밥만이라도 다 같이 먹었으면 좋겠다. 나는 이럼 매부터 나 때문에 바쁘다는 엄마 이야기를 들으면서 자란다. 내가 공부를 잘하게 되면 엄마가 밖에 안 나가지 않을까 하는 엉뚱한 생각을 해 본다.

나는 공부를 못한다. → 내가 공부를 잘하게 하려면 학원을 보내야 한다. → 엄마는 밤에 나가서 돈을 버신다. → 엄마는 돈을 더 벌어 오며며 아빠와 잔소리를 하신다. → 스트레스를 받은 아빠는 집에 늦게 들어오신다.

하지만 엉뚱한 생각이 아닐지도 모른다. 모든 문제의 출발점은 내 '못난' 성적표이다. 그래서 그렇게 과학고등학교에 다니는 오빠들에게 이리 끌려다니고, 저리 끌려다니는가 보다. 성적이 더럽고 여자를 함부로 대할지라도 나보다는 머리가 좋으니까. 또 '잘난' 성적표를 받아 보며 뿌듯해하는 부모님의 표정을 볼 수 있을 테니까 말이다.

재혁 오빠는 나와 헤어지자마자 바로 다른 여자애와 활짝 웃고 있는 사진을 카톡 프사 사진으로 올렸다.

'재혁 오빠도 내가 공부를 못해서 싫어한 거야. 지금 사귀는 애는 같은 과학고에 다닌다잖아. 나는 자격 미달이었던 거지 뭐. 스

72

진심은 그냥 찡했어.'

그날이었다. 학교 인터넷 카페에서 괴상한 글을 본 것이 말이다. 참, 대문을 가릴 처지가 아니었다. 그래서 나는 바로 댓글을 달았다.

〈왕므파털〉 9월 9일 수요일 밤 9시 30분에 예약합니다.

ㄴ 〈수상한 고물상〉 네 왕므파털님, 예약되셨습니다. 부러운 사람을 생각해서 잊지 않고 오시기 바랍니다.

생각보다 간단했다. 내일 밤, 학원 끝나고 바로 가면 되겠다. '그런데 수상한 고물상은 어떤 곳이지?'

다음 날 학원이 끝난 후 나는 바로 수상한 고물상으로 향했다. 인터넷에 올라온 약도를 보니 학원에서 그렇게 멀지 않았다. 수상한 고물상까지 가는 길은 가로등 하나 없이 어두컴컴했다. 지금 생각하면 어떻게 의심도 하지 않고 거기까지 갔나 싶다. 그것이 바로 운명이라는 거겠지.

"수상한 고물상 찾아오셨나요?"

"시간에 맞춰 기다리고 있었구나."

"네."

"어? 진리야?"

73

"어? 심아, 네가 하는 거야?"

"응, 사정은 할 것 없고, 들어가자."

"여기 찾아오는 우리 학교 학생들 많니?"

"사적인 정보는 알려 줄 수 없어."

"그래."

"너도 내 나름의 고민이 있어서 온 거잖아. 내가 웃지는 못할 텐데."

"그러게. 일단 너니까 안심이 된다. 이상한 곳이면 어떡할 뻔했어."

고심이는 익숙한 듯 이상한 가루를 나에게 뿌리고 호리병에 입김을 불어넣으라고 했다.

"자, 그럼 일 타자기로 종이에 내가 부러워하는 사람과 부러운 점을 써."

"응, 알았어."

망설임 하나 없는 고심이의 태도에 나는 정말로 이것이 진짜인지, 어떻게 된 것인지 물어볼 생각조차 하지 못했다. 이유는 모르겠지만 모두 진실인 것만 같았기 때문이다.

그리고 여기 오는 손님들 누구나 그랬던 것처럼 나 이진리도 부러워하는 사람의 이름을 썼다.

'우리 반 1등 김, 민, 희.'

74

오늘 수업에서 진행할 글밥의 양을 71~74쪽으로 정했다.

2. 성취기준과 배움 주제를 파악한다

본 수업과 관련된 성취기준은 '의견을 제시하고 함께 조정하며 토의한다'이다.

배움 주제는 교사가 이번 시간에 아이들이 무엇을 배워야 할지 정하는 목표점이자 방향이다. 따라서 챕터 제목으로 제시할 수도 있고, 아이들이 이번 시간에 무엇을 알아야 하는지를 적어도 된다. 나는 주로 배움 주제(공부할 문제)를 이번 시간에 읽을 챕터의 제목으로 정리하므로, 이번 시간에 배울 배움 주제는 '고물상의 두 번째 손님, 이진리'이다. 그러나 이번 시간에는 공부는 왜 해야 하는 것인지 이야기해볼 것이므로 '공부는 왜 하지?' 또는 '공부를 하는 이유 알아보기'로 정해도 된다. 챕터 제목으로 할지, 이번 시간에 배울 내용으로 정할지는 교사가 자율적으로 정해도 괜찮다.

3. 아이들과 이야기를 나누고 싶은 도약과제 1개를 정한다

이번 시간에 배울 내용을 살펴보니 이진리라는 학생이 나온다. 이진리는 공부를 못하기 때문에 학원에 다녀야 한다. 진리를 학원에 보내기 위해 엄마는 돈을 벌어오라며 아빠에게 잔소리를 하고, 아빠는 늘 집에 늦게 들어오는 편이다. 종종 부모님이 싸우기도 하며, 이진리는 자신의 성적 때문에 집안 분위기가 좋지 않다는 것을 알고 있다.

내가 가르쳐왔던 많은 학생들도 공부를 잘하려고 늦게까지 학원에 다닌다. 성적 때문에 집안 분위기가 안 좋다는 고민을 하는 학생도 있다. 초등학생인데도 밤 10시까지 학원에서 공부하느라 너무 힘들다는 학생도 있다. 이런 상황에서 나는 학생들에게 '공부는 왜 해야 하는 걸까?'라는 질문을 하고 싶었다. 우리는 왜 공부를 해야 할까? 그리고 학생들은 이 질문에 대해 어떻게 생각하고 정리하고 있을까 궁금했다. 그래서 '공부하는 이유'를 도약과제로 정했다.

4. 도약과제를 해결할 수 있는 토의토론 방법을 결정한다

토의토론 방법에 대해 생각하면서 공부를 하면 어떤 점이 좋을까? 그리고 공부를 하지 않으면 무엇이 좋지 않을까? 하는 궁금증이 생겼다. 그래서 PMI(P:좋은 점, M:안 좋은 점, I:흥미로운 점) 토의토론을 하면 좋겠다고 생각했다. PMI 토의토론 방법은 3부에 소개되어 있다.

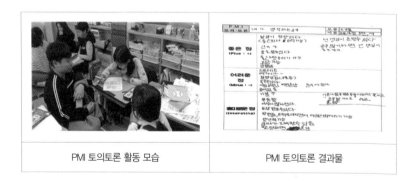

| PMI 토의토론 활동 모습 | PMI 토의토론 결과물 |

5. 평가계획을 수립한다

성취기준과 수업을 통해 성장할 수 있는 역량을 고려하여 평가계획을 수립한다.

평가 1. 공부에 대해 좋은 점, 안 좋은 점, 공부를 하면서 재밌었던 경험에 대해 말할 수 있다.
평가 2. PMI 토의토론 활동 시, 모둠원들과 적극적으로 의사소통을 할 수 있다.

6. 성독하기, 핵심 판서, 토의토론 방법 등 수업의 흐름을 계획한다

내가 계획한 한 차시 슬로리딩 수업은 크게 두 가지 과정으로 나뉜다. 첫 번째 과정은 성독하기, 두 번째 과정이 토의토론 활동이다. 토의토론 활동은 학생들이 이야기를 나누고 발표하고 공유하는 시간까지 약 15~20분 정도 소요된다. 만약 토의토론 활동 시간이 더 필요하다면 성독하기 시간을 줄이고 토의토론 활동 시간을 늘리는 방향으로 유동적으로 수업을 디자인한다.

슬로리딩 수업에서 내가 가장 중요시했던 점 중 하나는 성독하기 부분이다. 큰 소리로 읽으면 자신감이 향상되고 토의토론을 할 때도 의사소통 역량을 향상시킬 수 있다. 또 한 문장 한 문장을 집중해서 읽게 되고, 띄어 읽기 등 문법적인 부분과 발음 교정에도 도움이 된다.

성독하기는 학급 전체 읽기, 모둠별 읽기, 개인별 읽기로 크게 세 가지로 나뉜다. 슬로리딩 진행 정도에 따라 학급 전체 읽기를 처음에 주로 하고 모둠별 읽기, 개인별 읽기 순으로 진행한다. 만약 위에서 말한 것처럼 토의토론 활동 시간이 많이 필요하다면 한 페이지만 학급 전체 읽기를 할 수 있다. 또는 한 문장씩 개인별 읽기 후 묵독하기 등으로 진행할 수 있다. 그러나 성독하기는 꼭 필요하므로 조금이라도 반드시 진행하도록 한다.

성독하기 과정을 하면서 학생들은 모르는 단어 3개를 찾고, 인상 깊은 구절에 밑줄을 긋는 활동을 해야 한다. 그래서 국어사전이 꼭 필요하다. 또 단어를 찾기만 하는 것에서 벗어나 이 단어들을 활용하여 한 문장을 만들어야 한다. 그리고 밑줄을 그었던 구절이 인상 깊었던 이유를 노트에 정리한다. 여기까지가 성독하기 과정이다.

성독하기 과정을 다시 한번 살펴보면, 1) 큰 소리로 읽으며 내용을 파악한다. 2) 읽으면서 어려운 단어 3개를 동그라미로 표시하고, 인상 깊은 구절에 밑줄을 긋는다. 3) 3개의 단어를 국어사전에서 찾고 의미를 정리한다. 4) 정리한 3개의 단어를 활용해 한 문장을 만들고, 인상 깊은 구절과 그 이유를 노트에 적는다.

이러한 성독하기 과정을 만들기까지 슬로리딩의 개념을 만든 하시모토 다케시 선생님의 '은수저 연구 노트 공부법'을 많이 참고하여 학생들과 함께 공부했다. 다케시 선생님은 학생들이 모르는 단어를 조사하고, 이 단어를 활용하여 단문을 만드는 연습을 하며, 문장 표현 방식이 훌륭한 부분은 옮겨 적도록 했다. 나 역시 이러한 과정을 참고하고 연습하면서 수업 시간에 토의토론 부분을 자연스럽게 녹여낼 수 있는 나만의 수업 방법을 만들게 되었다.

성독하기가 끝나면 처음에 정했던 도약과제, 그리고 토의토론 방법을 어떻게 진행할 것인지 생각한다. 그리고 이런 과정을 통해 핵심 발문은 무엇인지, 토의토론을 마친 후 학생들의 결과물을 활용하여 핵심 판서는 어떻게 해야 할지, 학생들은 이 책을 통해 무엇을 알아야 하는지 등을 최종 점검한다.

7. 마지막 최종 점검을 하고 간이지도안을 작성한다

마지막으로 전체적인 수업 흐름을 점검하고, 간이지도안을 작성한다. 간이지도안 작성은 교사의 개인적인 선택사항이다. 많은 교사가 슬로리딩 수업만 하는 것이 아니므로, 이런 과정도 크나큰 부담이 될 수 있다. 하지만 간이지도안을 작성하면 확실히 좀 더 짜임새 있는 수업을 진행할 수 있으므로, 슬로리딩에 대해서 조금 더 고민하고, 자신만의 수업을 만들고 싶은 선생님이라면 반드시 하는 것이 좋다. 가르치는 책이나 강의 노트에 간단하게 큰 흐름을 적어놓는 방법도 괜찮다.

배움 주제	고물상의 두 번째 손님, 의진이		
준비물 및 자료, 예술적 과제	교 사	학습지(PMI토의토론)	
	학 생	국어사전	
핵심 성취기준	관심 있는 주제에 대해 자신의 의견이 드러나게 글을 쓴다. 읽기 경험과 느낌을 다른 사람과 나누는 태도를 지닌다.		
핵심역량	자기관리역량		
주제 개요 및 수업자 의도	이번 내용은 부족한 자존감으로 인해 남자친구를 지나치게 의존하는 이진이가 엄마의 공부 잔소리로 스트레스를 받는다. 그래서 진리는 우리 반 1등인 김민희 되고 싶어 한다. 진리는 김민희가 되고 싶어서 수상한 고물상을 찾아오는 내용으로 구성되어 있다. 학생들은 비슷한 고민을 한다. 부모님의 공부 잔소리를 싫어하고, 왜 공부를 해야 하는지 잘 모르겠다고 말한다. 그래서 이번 차시에서는 내가 하는 공부에 대한 장점, 단점, 그리고 공부에 대한 경험담을 알기위해 PMI토의토론으로 진행한다. 그리고 이를 공유하는 시간을 가져보고자 한다. PMI토의토론을 하고 나서 공부에 대한 나의 생각과 이유를 알아보고, 돌아가며 말하기 토의토론으로 다른 친구들과 의견을 공유하는 방향으로 수업을 디자인하고자 한다.		
과정평가	수업의 흐름	자료 및 유의점	반성 및 성찰
	◎동기유발 -내가 사랑스러운가요?		
	<배움주제> 참을 수 없는 연애의 가벼움 <배움순서> -통독하기 -공부는 왜하지?		
자기관리 역량	◎통독하기 -소리 내어 읽기 -어려운 낱말정리하기 -인상 깊은 구절 정리하기	-처음에는 반 전체, 다음은 모둠 별, 다음은 개인별로 읽기(5분을 넘기지 않는 것이 좋다.)	-5분 넘어가면 묵독하기
	◎공부는 왜하지? -공부를 하면 좋은 점, 나쁜 점, 공부와 관련된 자신의 경험 생각하기 -:'내가 하는 공부'란 주제로 PMI토의토론하기 -:'내가 생각하는 공부'에 대해 자신의 생각 쓰기 -돌아가며 쓰기 토의토론하기	-돌아가며 쓰기 토의토론을 통해 학생들이 과정평가를 수행할 수 있도록 한다. -돌아가며쓰기 토의토론시 모둠 학생들이 각자 다른 색깔의 볼펜을 사용하여 내용을 정리한다.	

간이지도안 예시

교사의 노력으로
행복한 수업이 시작됩니다!

슬로리딩수업

4부

현장에서 바로 쓰는
슬로리딩 수업
케이스 스토리

01

《수상한 고물상, 행복을 팝니다》 책을 선택한 이유

슬로리딩을 진행할 때 어떤 책을 읽을지 선택하는 것은 굉장히 어려운 일이다. '시작이 반'이라는 말처럼, 선정된 책은 슬로리딩 수업을 이끌어가는 가장 큰 힘이 되기 때문이다.

내가 책을 선정하는 기준은 다음과 같다.

1. 학생들의 현실과 시대의 모습을 잘 반영하고 있어야 한다.

슬로리딩을 재밌게 이끌어나가기 위해서는 현재 학생들의 상황과 모습이 잘 반영되어야 한다. 그래야 학생들이 자신의 모습을 투영하며 학습에 대한 흥미와 관심을 높일 수 있기 때문이다. 나는 주로 초등학교 중학년(3~4학년)과 고학년(5~6학년) 담임을 하면서 학생들이 관심을 가지는 주제와 소재에 대해 많은 고민을 했다. 왜냐하면 학생들이 관심 있는 주제에 대해서 이야기하고 소통해야 학생들의 고민을 더 쉽게 파악하고 해결해나갈 수 있기 때문이다.

나는 《수상한 고물상, 행복을 팝니다》라는 책을 선택했다. 이 책은 연예인, 좋아하는 감정, 질투, 사랑, 몸무게, 자존감, 다른 사람에 대한 편견, 외모, 친구와의 우정, 학업, 성적, 가족과의 관계, 진로, 돈, 돈으로 인한 차별 등 학생들이 관심을 가질 수 있는 다양한 주제를 담고 있다. 또한 이런 주제와 관련하여 파생되는 다양한 주제까지 다뤄볼 수 있다.

2. 적절한 양으로 구성되어 있어야 한다.

슬로리딩 수업은 교과서를 가르치는 것보다 교사의 에너지가 더 많이 소모된다. 이는 정해진 수업 흐름이 없고, 오롯이 교사의 재구성에 따라 수업이 진행되기 때문이다. 슬로리딩 수업을 계속하면서 가장 힘들었던 점 중 하나가 글밥(제재 글의 양)을 어느 정도까지 결정할 것인가 하는 고민이었다.

그런데 이 책은 크게 고민할 필요가 없었다. 한 챕터(소주제)당 2~3쪽으로 구성되어 있기 때문에 학생들이 한 차시에 책을 읽고 공부하기에 적당한 양이다. 실제로 한 챕터의 글을 읽고 토의토론을 통해 수업을 진행하면 약 40분 정도가 소요된다. 혹여 글밥의 양이 4~5쪽 정도라서 양이 많다면 성독의 양을 줄이고 묵독의 양을 높여 진행시간을 충분히 확보할 수 있다.

3. 책을 통해 성장할 수 있어야 한다.

슬로리딩 수업은 초등학교 3학년부터 독서단원을 통해 시작한다. 이 수업은 학생들의 다양한 사고를 촉진시키며 자신들의 삶을 작품 속에 투영시킬 수 있어야 한다. 학생들은 스스로 소설책의 주인공이 되어보고, 반 친구들과 함께 문제를 해결하면서 성장해나갈 수 있다. 그리고 실제로 소설 속 주인공들은 문제를 어떻게 해결했는지, 친구들은 어떻게 해결했는지 해결방법을 비교하고 토의토론하면서 문제해결력, 의사소통능력 등 다양한 역량을 기를 수 있다.

《슬로리딩 수업, 토의토론을 만나다》 사용설명서

　시중에 나와 있는 많은 슬로리딩 책들은 슬로리딩의 개념, 필요성, 수업에 사용할 수 있는 수업 방법을 나열하는 데 그치고 있는 경우가 많다. 나 역시 슬로리딩과 관련된 다양한 책을 읽었지만, 실제로 수업을 디자인하려면 도대체 어떻게 해야 할지 감을 잡기가 쉽지 않았다. 그래서 계속 고민을 하고 일단 부딪혀 보자는 마음으로 다양한 슬로리딩 수업을 한 결과 슬로리딩 수업 실력을 키울 수 있는 제일 빠른 방법을 찾았다. 다른 슬로리딩 수업들은 어떻게 진행했는지 먼저 따라서 해보고, 그 경험을 바탕으로 이후에 자신만의 슬로리딩 수업을 만드는 것이다.

　다음 챕터에는 《수상한 고물상, 행복을 팝니다》라는 책을 교재로 사용하여 내가 처음부터 끝까지 어떻게 슬로리딩 수업을 진행했는지 실제 사례를 담았다. 이 책은 초등학교 4학년부터 중, 고등학생까지 모두 슬로리딩 수업에 사용할 수 있는 책이다.

처음에는 먼저 다양한 토의토론 방법을 설명하고 슬로리딩 사례를 나열하는 것으로 이 책을 구성하는 것이 논리적으로 맞다고 생각했다. 하지만 실제 수업에서 슬로리딩 사례를 적용해보고, 그때마다 수업에서 적용된 토의토론 방법을 확인하면 더욱 효과적일 수 있겠다는 생각이 들었다. 그래서 사례와 사례에 사용된 토의토론 방법을 안내하는 것으로 내용을 구성했다.

선생님들은 각자 자신만의 슬로리딩 수업을 만들기 전에 먼저 내가 했던 방법을 따라 해보면서 슬로리딩 수업의 맛을 조금이라도 느껴보면 좋을 것이다.

이렇게 제시된 수업방법을 따라 해보면서 슬로리딩 수업에 익숙해지면, 내가 제시한 방법이 아니라 교사 각자가 알고 있는 다양한 방법을 적용하여 개성 있는 자신만의 수업을 만들어가면 된다.

또 2부에서 언급한 슬로리딩 수업 디자인 방법을 자신만의 방법으로 바꿀 수도 있다. 거꾸로 교실을 활용하여 미리 책을 읽어오고 실제 수업시간에는 활동을 늘리거나, 또는 한 시간은 내용을 파악하고 그 다음 시간에 활동 수업을 하는 등의 흐름으로 융통성 있게 적용하여 진행해도 된다. 그렇게 여러 가지 방법을 시험하다 보면 누구나 자신만의 효율적인 슬로리딩 수업을 완성할 수 있을 것이라고 생각한다.

이렇게 슬로리딩 수업의 맛을 조금이라도 느껴보게 하는 것, 새로운 수업 방법을 시도해보는 것에 대해 두렵지 않도록 도움을 드리고 싶은 것이 내가 이 책을 쓰게 된 이유이다.

여기에서 소개된 토의토론 수업 방법과 토의토론 수업을 디자인하는 방법 등은 앞서 이야기했던 《토의토론수업, 배움을 디자인하다》라는 책에 더 자세하게 소개되어 있다. 슬로리딩 수업뿐만 아니라 교과 수업에 대해 더 넓고 깊게 연구하고 싶다면 위의 책을 참고하시길 부탁드린다.

03

김경훈 브랜드 슬로리딩 수업
케이스 스토리

01 | 표지 보고 책과 친해지기

배움 주제	책 제목으로 느낌과 생각 표현하기		
준비물 및 자료, 예습적 과제	교사	버블맵 학습지(A4 제공 가능), 포스트잇, 모둠 칠판	
	학생		
핵심 성취기준	작품을 듣거나 읽거나 보고 떠오른 느낌과 생각을 다양하게 표현한다. 작품에 대한 이해와 감상을 바탕으로 하여 다른 사람과 적극적으로 소통한다.		
핵심역량	의사소통역량, 심미적 감성역량		
주제 개요 및 수업자 의도	슬로리딩을 처음 하는 첫 차시이다. 선택한 책은 《수상한 고물상, 행복을 팝니다》이다. 이 책은 학생들이 고민을 가지고 있을 만한 우정, 외모 등 다양한 주제를 담고 있다. 이를 통해 아이들의 고민을 알아볼 수 있고, 아이들도 공감할 수 있을 것 같아서 선정하게 되었다. 책의 표지는 많은 것을 담고 있으며, 제목과 표지 그림 모두 작가가 이 책을 통해 말하고자 하는 의미를 함축적으로 담고 있다. 책을 읽기 전에 제목의 의미를 생각해보는 것이 중요하다.		
평가 관점	수업의 흐름	자료 및 유의점	반성 및 성찰
	◎동기유발 -최근 읽었던 책 알아보기		

	〈배움 주제〉 -표지 보고 책과 친해지기 〈배움 순서〉 -떠오르는 생각 정리하기 -행복에 대한 생각 나누기		
의사소통역량	◎떠오르는 생각과 느낌 정리하기 -책표지 살펴보기 -표지 보고 떠오르는 생각과 느낌에 대해 버블맵 토의토론하기 -토의토론 결과 학습지에 정리하기	-버블맵 학습지(A4), 실물화상기 -비주얼씽킹 활용하기	-버블맵 토의토론 활동 및 정리까지 15분 -실물화상기로 전체 발표
심미적 감성역량	◎'행복'에 대한 생각 나누기 -행복에 대한 생각을 브레인라이팅 토의토론하기 → 행복이란 무엇인지 포스트잇에 적기 → 모둠 칠판에 포스트잇 붙이고 분류하기 → 모둠별 행복에 대한 개념 정리하기 -모둠별 발표 내용 핵심 판서 정리하기	-포스트, 모둠 칠판 -개인당 3장, 1장당 하나의 의견 적기	-처음에는 개인 포스트잇을 쓰고 칠판에 붙이는 것이었는데, 잘 안 붙고 의사소통을 위해 모둠으로 변경 진행

수업의 실제

[활동 1] 떠오르는 생각 나누기

학생들이 처음으로 책을 접하고 마주 보는 시간이다. 이때 책 제목을 보고 어떤 내용일지 상상하고 유추해보는 활동은 학생들의 흥미와 관심을 높일 수 있는 좋은 기회다. 그래서 책 제목을 보고 모둠별로 버블맵 토의토론을 통해 자유롭게 떠오르는 생각을 정리한다. 정리할 때 비주얼씽킹을 함께 활용하여 가시성을 높인다.

제목에 대해 떠오르는 생각 버블맵 토의토론하기

버블맵 토의토론 결과물

[활동 2] 행복에 대한 생각 나누기

학생들은 활동 1에서 제목을 보고 다양한 생각과 의미를 유추했다. 학생들이 제목을 보고 가장 많은 이야기를 나눴던 주제는 '행복'이었다. 학생들은 행복에 대한 자신만의 생각을 이야기하고, 행복이라고 하면 떠오르는 것이 무엇인지 개인별로 포스트잇에 적는다. 그리고

'행복'이라는 주제로 브레인라이팅 토의토론하기

브레인라이팅 토의토론 결과물

브레인라이팅 토의토론을 통해 모둠에서 자신의 생각을 공유하고 정리한다. 모둠에서 정리된 의견은 전체 발표하고, 교사는 이를 핵심 판서로 정리한다.

브레인라이팅 토의토론 알아보기

● 브레인라이팅(brain writing)이란?

'침묵의 브레인스토밍'이라 불린다. 브레인스토밍은 주로 적극적으로 발언하는 토론자의 의견이 많이 반영되고 주변 사람들도 거기에 영향을 받을 수 있기 때문에, 발언을 줄이고 글로 쓰는 방식의 토론 방법인 '브레인라이팅'이 도입되었다. 이는 포스트잇을 이용하여 아이디어를 얻고, 분류하고, 정리하는 토론 방법이며 참가자 전원이 소외되지 않고 끝까지 토론에 참여할 수 있다.

● 브레인라이팅 토의토론 주제

브레인라이팅은 주제에 대해 학생들이 의견을 내고 이를 수렴할 때 사용한다. 예를 들어 주제가 '청소년기의 특징'이나 '도시 문제 해결방법'이라고 하면 모둠에서는 다양한 의견이 나온다. 이것을 비슷한 의견끼리 수렴하여 핵심 판서로 정리한다. 이때 학생들의 의견에 의미를 부여할 수 있다.

• 표지를 보고 떠오르는 생각과 느낌 유목화하기 • 토론자가 갖춰야 할 가장 중요한 능력 • 《몽실언니》를 읽고 몽실언니에게 하고 싶은 말 • 현장체험학습 장소 정하기	
브레인라이팅 토의토론 예시 주제	유목화하기

● 브레인라이팅 토의토론 순서

❶ 4~5명 정도의 인원으로 모둠을 구성한다.

❷ 모둠별로 포스트잇과 큰 종이를 나누어준다.

❸ 사회자(교사)가 도약과제를 공개한다.

❹ 개인의 의견을 각자 포스트잇에 적는다.

　• 포스트잇 1장에는 한 가지 의견만 적어야 한다.

　• 개인 의견의 개수를 정해줘도 좋고, 개수 제한 없이 일정 시간 내에 생각나는 대로 써도 좋다.

❺ 개인 의견이 적힌 포스트잇을 보면서 같은 의견끼리 분류하여 큰 종이에 모아 붙인다.

❻ 분류된 같은 의견들에 제목을 붙인다. (이를 '유목화'라 부른다.)

❼ 분류한 결과를 발표한다.

◎ 준비물: 4절지나 8절지(모둠 칠판도 가능), 포스트잇, 사인펜

배움 주제	'작가의 말'을 보고 나의 감정 살피기	
준비물 및 자료, 예습적 과제	교사	뇌구조 학습지
	학생	국어사전
핵심 성취기준	작품을 듣거나 읽거나 보고 떠오른 느낌과 생각을 다양하게 표현한다. 작품에 대한 이해와 감상을 바탕으로 하여 다른 사람과 적극적으로 소통한다.	
핵심역량	심미적 감성역량	
주제 개요 및 수업자 의도	'작가의 말', 프롤로그는 작가가 독자들이 책을 읽기 전 알아야 할 내용을 간략하게 설명하는 경우가 많다. 또는 작가가 이 책을 통해서 말하고 싶은 전체적인 생각을 담기도 한다. 이 책의 작가는 '작가의 말'에서 "불행은 실제로 그렇게 느껴서가 아니라 자신의 감정을 잘 다루지 못해서 더 많이 느낀다."라고 서술하고 있다. 아이들은 자신의 감정과 관심사에 대해 잘 알고 있을까 궁금했다. 성독한 후 자신의 감정과 관심사에 대해 뇌구조를 그리고, 자신이 가장 관심 있어 하는 대상에 대해 어떻게 다루어야 할지 정리한다. 이를 통해 요즘 자신의 감정과 관심사, 그리고 이러한 것들에 대한 자신의 바람직한 방향에 대해 재정립할 수 있도록 수업을 진행하고자 한다.	

평가 관점	수업의 흐름	자료 및 유의점	반성 및 성찰
	◎동기유발 -요즘 내가 좋아하는 것?		
	〈배움 주제〉 '작가의 말'을 보고 내 감정 살피기 〈배움 순서〉 -성독하기 -정리하기 -나의 감정 살피기		
	◎성독하기 -단락 나누기 -처음과 끝 단락은 우리 반 전체가 같이 큰 소리로 읽기, 나머지는 모둠 순서대로 크게 읽기 -읽으면서 어려운 단어 동그라미, 인상 깊은 구절은 밑줄 그으며 읽기	-5~7분 정도? (실제 수업하면 더 많이 걸린다. 10분 정도)	-모둠별로 모두 읽는 것은 다시 생각해봐야 할 듯. 모든 내용을 다 크게 돌아가며 읽으니 시간을 많이 뺏긴다. 읽는 데에만 10분이 넘는다.

	◎정리하기 -어려운 단어는 국어사전을 활용하여 찾고 정리하기 -인상 깊은 구절과 이유 적기, 돌아가며 말하기, 토의토론하기	-어려운 단어는 3개 이상 적기 금지 -국어사전	-수업 시간에 어려운 단어는 3개 정도만 찾고 나머지는 숙제로 내주기 (시간이 너무 오래 걸린다.)
심미적 감성역량	◎나의 감정 살피기 -나의 감정, 관심에 대한 뇌구조 그리기 -요즘 나의 가장 큰 관심사나 대상에 대해 어떻게 다뤄야 할지 정리하기	-뇌구조 학습지	-뇌구조 그리기 12~13분, 뇌구조 그린 후 돌아가며 말하기, 토의토론하기. → 가장 관심 있는 것 3개 정도 말하고 공유하기

수업의 실제

[활동 1] 성독하기 및 정리하기

작가는 독자들에게 책을 읽기 전에 간단한 안내서를 '작가의 말' 또는 '프롤로그'에 담는다. 학생들은 실제로 내용에 들어가기 전 작가의 말을 통해 전체적인 글의 내용이나 흐름을 유추한다. 작가의 말을 크게 읽으면서 어려운 낱말을 찾아보고 인상 깊은 구절을 찾아 정리한다. 여기에서 중요한 점은 학생들이 크게 읽어야 한다는 것이다.

성독하기	어려운 단어, 인상 깊은 구절 정리 결과물

[활동 2] 나의 감정, 관심 주제에 대한 뇌구조 그리기

인상 깊은 구절에 대해 전체 발표한다. 학생들은 "불행은 실제로 그렇게 느껴서가 아니라 자신의 감정을 잘 다루지 못해서 더 많이 느낀다."라는 문장을 보고 자신은 요즘 어떤 관심사와 감정을 가지고 있는

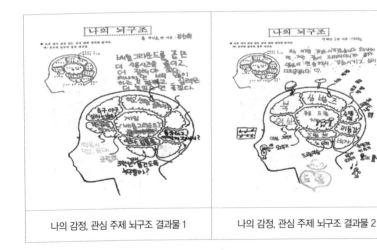

나의 감정, 관심 주제 뇌구조 결과물 1	나의 감정, 관심 주제 뇌구조 결과물 2

지, 이에 대한 다양한 경험을 이야기한다. 그리고 자신의 감정과 관심사에 대한 뇌구조를 그린다. 나의 뇌구조를 그린 후, 가장 관심이 많은 주제나 감정에 대해 왜 그렇게 관심을 많이 갖게 되었는지 이유를 적는다. 작성한 결과물을 친구들과 공유한다.

돌아가며 말하기 토의토론 알아보기

● 돌아가며 말하기 토의토론이란?

교사가 하나의 도약과제를 제시하면, 학생들은 그 도약과제에 대해 돌아가며 자신의 생각을 한 사람씩 말하며 공유하는 수업방법이다. 이 수업방법은 모둠에서 한 명의 학생도 빠짐없이 참여할 수 있다는 장점이 있다. 수업을 진행하면서 한 바퀴만 돌 수도 있고, 수업의도에 따라 두 바퀴, 세 바퀴도 돌 수 있다.

이 수업을 진행하면서 중요한 것은 질문이다. 한 학생이 자신의 생각을 말할 때 다른 세 명의 모둠원들은 반드시 질문을 한 가지씩 한다. 이러한 과정은 다른 이의 말을 주의 깊게 듣는 힘을 기를 수 있고, 보다 적극적인 토의토론으로 이끌 수 있다.

● 돌아가며 말하기 토의토론 주제

돌아가며 말하기 토의토론은 주제에 대해 학생들이 의견을 자유롭게 낼 때 사용한다. 그래서 열린 주제나 활동 결과물에 대해 자신의 생각을 말할 때 사용하면 좋은 수업방법이다. 수업의 도입, 전개, 정

• 인상 깊은 구절 말하기 • 좋은 선생님이 되기 위한 최고의 덕목은 무엇일까? • 요즘 나의 고민은? • 내가 커서 되고 싶은 꿈은?	
돌아가며 말하기 토의토론 예시 주제	돌아가며 말하기 토의토론 활동 모습

리 등 어느 단계에서 사용하든 잘 활용할 수 있다.

● 돌아가며 말하기 토의토론 순서

❶ 4~5명 정도의 인원으로 모둠을 구성한다.

❷ 사회자(교사)가 도약과제를 공개한다.

❸ 자신만의 생각할 시간을 갖는다.

❹ 모둠 내에서 번호순으로 돌아가면서 자신의 생각을 말한다.

❺ 모둠원 친구 한 명이 발표를 마칠 때마다 나머지 세 명의 모둠원은 발표한 내용과 관련된 질문을 하나씩 한다.

❻ 각 모둠에서 정리한 내용을 발표한다.

배움 주제	고물상 집 딸, 고심이 알아보기	
준비물 및 자료, 예습적 과제	교사	A4용지
	학생	국어사전, 고물상 사진 검색하고 오기
핵심 성취기준	작품을 듣거나 읽거나 보고 느낌과 생각을 다양하게 표현한다. 작품에 대한 이해와 감상을 바탕으로 하여 다른 사람과 적극적으로 소통한다.	
핵심역량	창의적 사고역량, 지식정보처리역량	
주제 개요 및 수업자 의도	본문 첫 번째 챕터인 '고물상 집, 고심이'는 주인공인 고심이의 성장에 대해 설명하고 있다. 주인공을 이해하고 안다는 것은 그 소설의 많은 것을 이해하고 몰입할 수 있는 힘을 준다. 그래서 고심이가 어떤 아이이며 어떤 환경에서 자랐는지 파악하는 것이 중요하다. 학생들은 고심이가 소설책 주인공이기 때문에 어떤 점에 관심이 많은지, 어떻게 생겼는지, 어떻게 컸는지 관심을 가진다. 그래서 고심이를 표현하고 고심이와 관련이 있는 다양한 배경을 비주얼씽킹으로 그려서 고심이라는 인물에 대한 이해도를 높이고자 한다.	

평가 관점	수업의 흐름	자료 및 유의점	반성 및 성찰
	〈배움 주제〉 고물상 집 딸 고심이 알아보기 〈배움 순서〉 −성독하기 −정리하기 −고심이 알아보기		
	◎성독하기 −단락 나누기 −모둠별 순서대로 읽기 −인상 깊은 문장, 모르는 단어 표시하며 읽기		
	◎정리하기 −모르는 단어 사전 찾아 정리하기 −모르는 단어 활용하여 한 문장 만들기 −인상 깊은 문장과 이유 정리하기	−모르는 단어는 3개를 찾도록 한다. 너무 많아도 고민, 적어도 고민	−단어 3개가 넘어가면 시간이 너무 오래 걸린다. 3개가 마지노선이다.

창의적 사고역량, 지식정보처리역량	◎고심이 알아보기 -고심이의 생활모습 상상하기 -고심이와 주변 상황을 상상하여 비주얼씽킹으로 그리기 -자신이 그린 결과물에 대해 돌아가며 말하기 토의토론하기	-A4용지 -돌아가며 말하기 토의토론할 때 설명 듣는 친구들은 질문 하나씩은 꼭 하기 -20분	흐름 괜찮다. 그대로 하기

수업의 실제

[활동 1] 성독하기 및 정리하기

성독하기와 어려운 단어, 인상 깊은 구절 정리하기 부분은 생각보다 꽤 시간이 오래 걸린다. 보통 이 활동에 15~20분 정도가 소요된다. 그래서 성독하기 및 정리하기를 활동에 넣는다면 한 시간 수업 중 나머지 활동 1개 정도만 넣는 것이 적당하다. 나는 초반에는 학생들에게 성독하기와 정리하기 수업이 꼭 필요하다고 생각한다. 아직 학생

성독하기

어려운 단어 정리하기

들은 국어사전 찾기, 크게 읽거나 띄어 읽기가 익숙하지 않다. 그래서 슬로리딩 초반에는 활동 1의 시간을 활동 2 시간보다 더 길게 하거나 따로 시간을 활용하여 연습하는 것을 추천한다.

[활동 2] 고심이 알아보기

이번 배움주제(고물상 집 딸, 고심이)에서는 고심이의 전반적인 환경에 대한 설명이 나온다. 고심이라는 인물은 이 작품의 주인공으로서 전체적인 스토리를 이끌어간다. 그래서 고심이라는 인물을 이해하는 것이 굉장히 중요하다. 이러한 부분을 학생들에게 언급한 후 이번에 공부할 부분(10~14쪽)을 읽고 모둠에서 고심이와 관련된 버블맵으로 비주얼씽킹을 활용하여 정리한다. 또는 개인별로 정리하고 결과물을 공유하는 흐름으로 수업을 진행해도 좋다.

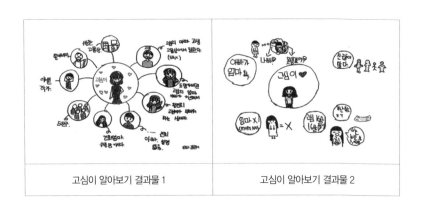

| 고심이 알아보기 결과물 1 | 고심이 알아보기 결과물 2 |

버블맵 토의토론 알아보기

● 버블맵 토의토론이란?

씽킹맵은 복합적인 생각이나 상황에서 생각하거나 수행하는 데 친근한 특별한 시각적 패턴을 제공한다. 이러한 시각적 패턴은 8가지(정의, 분류, 묘사, 비교분석, 순서 짓기, 원인과 결과가 분석, 세분화, 유추)로 유형화되어 있으며, 이 8가지 패턴 중 분류 유형을 활용하여 학생들이 토의토론을 할 수 있도록 고안한 학습방법이 버블맵 토의토론이다. 이 방법을 통해 개념이나 주제를 효과적으로 발전시키거나 심도 있게 이해할 수 있다. 또한 추상적인 사고의 과정을 시각적 디자인으로 표현하는 과정에서 더욱 명확하게 할 수 있다.

● 활용 가능한 토의토론 주제

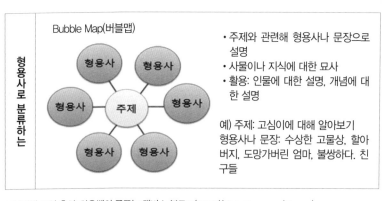

※씽킹맵 도식 출처: 하유쌤의 꿈꾸는 캔버스 블로그(https://blog.naver.com/ohayuo)

● 버블맵 토의토론 순서

❶ 4~6명으로 모둠을 구성한다.

❷ 사회자(교사)가 도약과제를 공개한다.

❸ 모둠에서 주제와 멀티플로우맵의 특성을 연결하여 이야기한다.

❹ 모둠별로 이야기한 결과를 멀티플로우맵으로 정리한다.

　• 정리할 때 비주얼씽킹을 활용하여 정리한다.

❺ 모둠별로 발표한다.

❻ 다른 모둠과 토의토론 결과에 대해 질의응답을 한다.

◎ 준비물: 모둠 활동지, 색깔 펜

배움 주제	행복한 기억과 바꾼 타자기	
준비물 및 자료, 예습적 과제	교사	국어사전, B4용지
	학생	국어사전
핵심 성취기준	예의를 지키며 듣고 말하는 태도를 지닌다. 관심 있는 주제에 대해 자신의 의견이 드러나게 글을 쓴다.	
핵심역량	심미적 감성역량, 문제해결력	
주제 개요 및 수업자 의도	'행복한 기억과 바꾼 타자기'에서는 이 소설에서 중요한 타자기의 존재가 등장한다. 이 타자기를 통해 행복한 기억을 주는 대신 되고 싶은 사람이 될 수 있다. (하루 정도라고 가정) 아이들은 이 주제를 보고 나는 어떤 행복한 기억을 가지고 있는지, 그리고 되고 싶은 사람은 누구인지, 또한 행복한 기억을 지우고 되고 싶은 사람이 된다면 기억을 지울 것인지 등을 생각할 수 있다. 아이들의 내면에 대한 이해를 돕고 진로에 대해 고민할 수 있는 기회를 주고자 한다.	

평가 관점	수업의 흐름	자료 및 유의점	반성 및 성찰
	◎동기유발 –행복했던 기억 말하기		
	〈배움 주제〉 행복한 기억과 바꾼 타자기 〈배움 순서〉 –성독하기 –행복한 기억 정리하기 –되고 싶은 사람 정하기		
심미적 감성역량	◎행복한 기억 정리하기 –살면서 행복했던 기억에 대해 브레인스토밍하기(브레인스토밍 토의토론X, 개인별로 활동) –노트에 정리하기 –행복했던 기억 10개 중에서 2개 고르기 –2개 중에서 가장 행복했던 기억 1개 고르기		–성독 후 행복했던 기억 적는 것까지 1시간 수업, 여유롭게 수업을 진행하자.

	◎되고 싶은 사람 정하기 -되고 싶은 사람 한 명 선택하기 -사람 옆에 그린 이유도 버블맵으로 나타내기	-B4용지	-되고 싶은 사람 정하고 선택하는 것까지 한 시간 수업
문제해결력	◎선택하기 -행복한 기억과 되고 싶은 사람 중 한 가지 선택하기 -선택과 그 이유 정리하기 -돌아가며 쓰기 토의토론하기		

수업의 실제

[활동 1] 행복한 기억 정리하고 되고 싶은 사람 정하기

학생들은 행복한 기억과 바꾼 타자기를 보면서 무척 흥미로워했다. 또, 자신도 되고 싶은 인물이 굉장히 많고, 그렇게 된다면 ○○을 하고 싶다고 굉장히 즐겁게 말했다. 그래서 학생들의 행복한 기억을 알

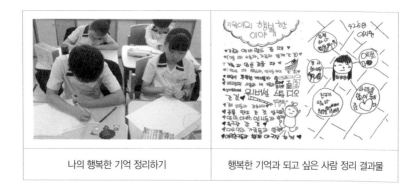

나의 행복한 기억 정리하기	행복한 기억과 되고 싶은 사람 정리 결과물

아보고, 되고 싶은 사람을 정리한다. 브레인스토밍으로 태어나서부터 가장 행복한 기억 10가지를 정한다. 그리고 되고 싶은 사람을 정해서 그 이유를 버블맵으로 비주얼씽킹을 활용하여 정리한다.

[활동 2] 행복한 기억과 되고 싶은 사람 중 선택하기

학생들은 활동 1의 결과물 내용을 보고 자신이 지금까지 살면서 행복한 기억 10가지를 선택한다. 10가지 중에서 다시 2가지를 선택하고, 선택한 기억과 이유에 대해서 짝 토론으로 이야기를 나눈다. 그리고 가장 행복한 기억 1가지를 다시 선택한다. 이 기억과 되고 싶은 인물 중 무엇을 선택할 것인지 결정하고 이유를 정리한다. 이를 모둠에서 돌아가며 쓰기 토의토론으로 과정평가를 실시한다.

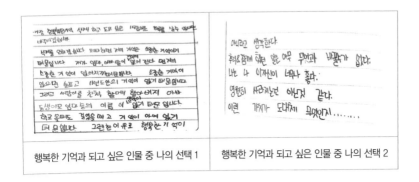

행복한 기억과 되고 싶은 인물 중 나의 선택 1	행복한 기억과 되고 싶은 인물 중 나의 선택 2

브레인스토밍 토의토론 알아보기

● 브레인스토밍 토의토론이란?

브레인스토밍은 한 가지 주제에 관해 관련된 사람들이 모여 자유로운 토론을 주고받는 가운데 사고를 종합해내는 기법이다.

브레인스토밍의 목적은 억압된 분위기를 배제하고 거리낌 없이 문제 해결방안이나 창의적인 생각을 창출하는 것이다. 주로 토의토론 주제를 잡거나 연구 초기에 전반적인 상황을 조망하고 연구 주제를 구체화하거나 과제를 추출하는 단계에서 널리 사용된다. 또한 학생들이 주제에 대한 브레인스토밍 토의토론 후 정리한 결과를 다른 소집단 친구들과 비교하여 합의를 통해 의견을 수렴하는 방식으로도 이용할 수 있다.

● 브레인스토밍 토의토론 주제

브레인스토밍 토의토론은 하나의 제재 글이나 사건, 자료에 대해 많은 아이디어나 내용을 생각하고자 할 때 더 적합하다.

• 소설 인물에 대해 보고 알 수 있는 점 • 수업 시간에 자유롭게 활동하고 느낀 점 • 고물상에 대해 알고 있는 것 적기 • 고물에 대한 떠오르는 생각 • 책 표지를 보고 알 수 있는 점	
브레인스토밍 토의토론 예시 주제	브레인스토밍 토의토론 결과물

● 브레인스토밍 토의토론 순서 I

• 다양한 아이디어 생성 등 발산형 브레인스토밍으로 진행 시

❶ 4~6명 정도로 집단을 구성하고 각 집단의 리더와 기록자를 정한다.

❷ 사회자(교사)가 도약과제를 공개한다.

❸ 구성원들이 아이디어를 말하면 기록자가 모두 기록한다.

❹ 비슷한 아이디어끼리 분류한다.

❺ 최종 아이디어를 결정한 후 다음 활동을 한다.

● 브레인스토밍 토의토론 순서 II

• 아이디어 생성 후 비슷한 의견을 분류·정리하는 수렴형 브레인스토밍으로 진행 시

❶ 4~6명 정도로 집단을 구성하고 각 집단의 리더와 기록자를 정한다.

❷ 사회자(교사)가 도약과제를 공개한다.

❸ 구성원들이 아이디어를 말하면 기록자가 모두 기록한다.

❹ 정해진 시간 안에 가장 많은 아이디어를 기록한 모둠에서 발표한다.

❺ 발표한 모둠과 자신의 모둠 의견을 비교하여 동일한 의견을 냈다면 손을 든다.

❻ 과반수 이상의 모둠이 손을 들었다면, 핵심 판서로 정리한다.

배움 주제	아빠 '고생'과 딸 '고심' 이해하기	
준비물 및 자료, 예습적 과제	교사	모둠 칠판, 보드마카
	학생	국어사전
핵심 성취기준	예의를 지키며 듣고 말하는 태도를 기른다. 의견을 제시하고 함께 조정하며 토의한다.	
핵심역량	의사소통 및 협업능력	
주제 개요 및 수업자 의도	이 주제에서는 아빠 '고생'에 대한 설명이 잘 드러나 있다. 고심은 고물상 옆 작은 집에서 아버지와 살고 있다. 고심에게 아빠는 안타까우면서도 측은한 마음이 드는 대상이다. 아버지는 낑낑대며 수레를 밀고 고물을 주워 오신다. 과연 아빠는 어떤 분이실까? 어떤 마음이실까? 내 아빠와 비교한다면? 고심이 아빠에 대한 많은 것을 알고 싶다. 질문 만들기 하브루타로 고심이의 아빠에 대해 더 알아보고, 고심에 대한 마음 등 다양한 문맥적 의미를 깊게 이해하고자 한다.	

평가 관점	수업의 흐름	자료 및 유의점	반성 및 성찰
	◎동기유발 −'아빠'라고 하면 무엇이 떠오르나요?		
	〈배움 주제〉 아빠 '고생'과 딸 '고심' 〈배움 순서〉 −질문 만들기 −짝 토론하기 −모둠 토론하기		
	◎질문 만들기 −20~23쪽 글을 읽고 질문 5개 만들기 −내용, 적용, 상상, 종합 질문 1개 이상 들어가도록 만들기	−5분	−성독하면서 최고의 질문 1개를 선택해서 토의 토론하기

의사소통 및 협업능력	◎짝 토론하기 -질문 5개, 짝꿍까지 총 10개의 질문으로 짝 토론하기 -짝 토론하고 좋은 질문 2개 선택하기	-5분	-그냥 모둠 토론 후 바로 최고의 질문에 대해 합의하고 모둠 칠판에 정리하기
	◎모둠 토론하기 -좋은 질문 2개, 앞 짝, 뒷 짝 총 4개의 질문으로 모둠 토론하기 -최고의 질문 1개 선택하기 -최고의 질문으로 모둠의견 만들기 토의토론하기 -전체 발표하기	-5분 -모둠 칠판, 보드마카 -5분	-모둠 토론을 할 때 항상 상대방의 이야기를 듣고 질문 또는 반론을 하도록 안내하기. 이는 모든 토론에 적용되는 중요한 키 포인트!

수업의 실제

[활동 1] 질문 만들기 및 짝 토론하기

　이번에 공부할 부분(20~23쪽)은 아빠 '고생'이 왜 고물상 주인을 할 수밖에 없었는지, 고심이는 왜 엄마 없이 아빠와만 살고 있는지 등 아빠와 관련된 다양한 환경적 부분이 잘 드러나 있다. 그래서 아빠를 더 잘 이해하고 알아보기 위해 질문 만들기 하브루타로 수업을 진행한다.

　질문의 종류는 크게 내용, 상상, 적용, 실천, 종합 질문의 5가지가 있다. 학생들은 각각의 질문이 1가지 이상 들어가도록 질문을 5개 이상 만든다. 그리고 이 질문을 활용하여 짝 토론을 한다. 짝 토론을 하고 그중에서 좋은 질문 2개를 선택한다.

질문 만들기	짝 토론하기

[활동 2] 모둠 토론하기

좋은 질문이란 답이 쉽게 내려지지 않는 질문, 다양한 해답을 갖도록 하는 질문, 찬반 토론으로 이끌 수 있는 질문이라고 먼저 안내한다. 활동 1에서 짝 토론을 마치면 모둠에서 앞 짝꿍과 뒤 짝꿍의 좋은 질문 각각 2개씩, 총 4개의 질문으로 모둠 토론을 한다. 모둠 토론을 마친 후 최고의 질문을 정해 다시 마지막 모둠 토론을 하고, 모둠 칠판에 최고의 질문과 모둠에서 합의된 답을 정리한다. 그리고 이를 전체 발표한다.

모둠 토론하기	최고의 질문과 모둠에서 합의된 답 결과물

질문 만들기 하브루타 알아보기

● 질문 만들기 하브루타란?

《최고의 공부법—유대인 하브루타의 비밀》(전성수, 2014)이라는 책에서는 하브루타를 "짝을 지어 질문하고, 대화하고, 토론하고, 논쟁하는 것"이라고 정의하고 있다.

질문 만들기 하브루타 수업은 먼저 학생들이 본문을 읽고 질문을 만들어 짝과 1:1 토론을 한 다음 좋은 질문을 뽑는다. 좋은 질문으로 모둠끼리 토론하고, 그 모둠에서 다시 최고의 질문을 뽑는다. 최고의 질문으로 집중 토론을 한 후 그 내용을 정리 발표하고, 교사가 정리하는 수업이다.

● 질문 만들기 하브루타 순서

❶ 책의 제재 글이나 사진 등을 보고 질문을 만든다.

❷ 만든 질문으로 둘씩 짝을 지어 하브루타(짝 토론)를 한다.

❸ 짝과의 질문 중에서 좋은 질문을 뽑아 모둠별로 토론한다.

❹ 모둠에서 최고의 질문을 뽑아 최고의 질문으로 토론한다.

❺ 최고의 질문으로 모둠에서 합의된 토론 내용을 정리한다.

❻ 전체 발표 및 다른 모둠과 토론 결과에 대해 질의응답을 한다.

◎ 준비물: 모둠 칠판, 보드마카, 공책

● 질문 만드는 방법

내용 질문	비판 질문	상상 질문	실천 질문	종합 질문
−○○했던 인물은 누구인가요? −언제인가요? −어디인가요? −무슨 일이 일어났나요? −왜 그랬나요? −○○의 뜻은 무엇인가요?	−○○의 잘못은 무엇인가요? −○○의 말. 행동이 왜 잘못됐다고 생각하나요? −○○은 어떤 문제점이 있나요?	−만약 ~라면? −만약 ~했다면? −만약 ~한다면?	−비슷한 경험이 있나요? −그때 어떻게 했나요? −비슷한 상황에 처하면 어떻게 할 건가요? −이런 일에 대처하기 위해 무엇을 준비할 건가요?	−우리에게 말하고자 하는 바는 무엇일까요? −교훈은 무엇일까요? −반성할 점은 무엇일까요?

배움 주제	아빠 '고생'에 대해 알아보기(2차시 수업)		
준비물 및 자료, 예습적 과제	교사	편지지	
	학생	국어사전, 아빠가 지금까지 살면서 겪었던 역경 5 가지 알아오기	
핵심 성취기준	쓰기에 자신감을 갖고 자신의 글을 적극적으로 나누는 태도를 지닌다. 읽는 이를 고려하며 자신의 마음을 표현하는 글을 쓴다. 관심 있는 주제에 대해 자신의 의견이 드러나게 글을 쓴다.		
핵심역량	의사소통 및 협업능력, 심미적 감성역량		
주제 개요 및 수업자 의도	아빠 '고생'을 보면 어려운 상황에서도 자신의 자식을 가르치고 사랑하는 아빠의 전형적인 모습을 볼 수 있다. 전 차시에 학생들이 아빠 '고생'에 대한 이야기를 하면서 아버지란 존재에 대해 다시 한번 생각하고 다양한 아빠가 존재한다는 것을 알게 되었다. 나에게 항상 고마운 아빠, 잘 혼내지만 나를 예뻐해주는 아빠, 나를 괴롭히는 아빠 등 학생들이 이야기하는 아빠는 매우 다양했다. 하지만 대부분 공통적으로 이야기했던 것은 가족이란 이유로 너무 익숙해져서 아빠의 고마움을 못 느끼는 경우가 많다는 것이었다. 그리고 대부분 엄마는 좋아하지만, 아빠에 대해서는 무덤덤하게 생각하는 학생들이 많았다. 그래서 이번 수업을 통해 아빠의 고민이나 어려움을 이해하고 감사를 느낄 수 있도록 수업을 디자인했다.		
과정평가	수업의 흐름	자료 및 유의점	반성 및 성찰
	◎전시학습 상기 –각 모둠별 최고의 질문은?		
	〈배움 주제〉 아빠 '고생'에 대해 알아보기 〈배움 순서〉 – 아빠 '고생' 알아보기 – 우리 아빠 알아보기		
의사소통 및 협업능력	◎ 아빠 '고생' 알아보기(1차시) –성독하기 및 어려운 단어 정리하기 –아빠의 어려움에 대해 멀티플로우 맵 토의토론하기 –전체 발표하기	–아빠 '고생'의 원 인과 결과, 멀티플 로우맵으로 –A4	

	◎우리 아빠 알아보기(1차시)		
심미적 감성역량	-아빠가 살면서 힘들었던 역경에 대해 써클맵으로 정리하기 -써클맵 정리 결과에 대해 짝 토론하기 -아빠에게 편지 쓰기 -돌아가며 쓰기 토의토론하기	-편지 쓰고 아빠 보여드리기(숙제로)	-써클맵 작성 15분 -공유 10분 -편지 쓰기 10분

수업의 실제

[활동 1] 아빠 '고생' 알아보기(1차시)

전 차시에 아빠 '고생'과 딸 '고심'(20~23)에 대해 읽었지만, 바로 활동에 들어가기 위해 묵독한다. 그래서 본 차시에서는 성독하기 및 어려운 단어를 정리한 후에 멀티플로우맵 토의토론으로 아빠 고생에 대해 알아본다.

전 차시에서는 다양한 질문으로 하브루타를 했지만, 본 차시에서는

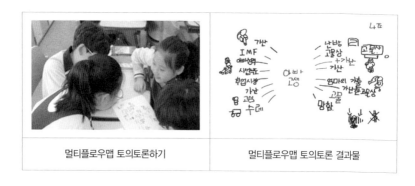

멀티플로우맵 토의토론하기	멀티플로우맵 토의토론 결과물

아빠 '고생'이 어떤 이유로 현재의 결과를 만들었는지 정리한다.

[활동 2] 행복에 대한 생각 나누기(2차시)

전 차시에는 아빠 '고생'에 대해서 알아보았다. 이번 차시에서는 실제 자신의 아버지에 대해 알아보는 시간을 갖는다. 전 차시에 학생이 자신의 아빠가 겪었던 역경에 대해서 미리 조사하도록 과제를 내주고, 조사해온 자료를 바탕으로 본 수업에서 아빠의 역경에 대해 써클맵으로 정리한다. 그리고 이를 짝 토론으로 이야기를 나눈다. 힘들었던 아빠의 삶을 이해하고 감사 편지를 쓸 수 있도록 한다.

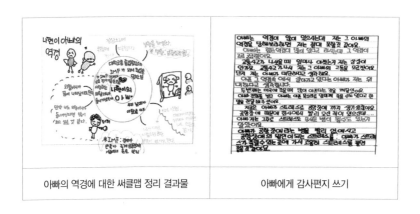

아빠의 역경에 대한 써클맵 정리 결과물	아빠에게 감사편지 쓰기

멀티플로우맵 토의토론 알아보기

● 멀티플로우맵 토의토론이란?

　원인과 결과 유형을 활용하여 학생들이 토의토론을 할 수 있도록 고안한 학습방법이 멀티플로우맵 토의토론이다.

　이 방법을 통해 아빠 고생이라는 사람을 심도 있게 이해할 수 있다. 또한 추상적인 사고의 과정을 시각적 디자인으로 표현하는 과정에서 아빠 고생이 왜 현재 이런 처지인지, 왜 이렇게 되었는지 명확하게 할 수 있다.

● 활용 가능한 토의토론 주제

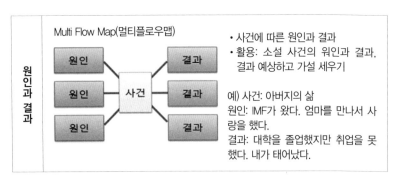

※씽킹맵 도식 출처: 하유쌤의 꿈꾸는 캔버스 블로그(https://blog.naver.com/ohayuo)

- 멀티플로우맵 토의토론 순서

① 4~6명으로 모둠을 구성한다.

② 사회자(교사)가 도약과제를 공개한다.

③ 모둠에서 주제와 멀티플로우맵의 특성(원인과 결과)을 연결하여 이야기한다.

④ 모둠별로 이야기한 결과를 멀티플로우맵으로 정리한다.

　※정리할 때 비주얼씽킹을 활용하여 정리한다.

⑤ 모둠별로 발표한다.

⑥ 다른 모둠과 토의토론 결과에 대해 질의응답을 한다.

◎ 준비물: 모둠 활동지, 색깔 펜

배움 주제	세상에서 가장 부러운 계집애, 왕건희		
준비물 및 자료, 예습적 과제	교사	활동지(가치수직선)	
	학생	국어사전	
핵심 성취기준	관심 있는 주제에 대해 자신의 의견이 드러나게 글을 쓴다. 쓰기에 자신감을 갖고 자신의 글을 적극적으로 나누는 태도를 지닌다.		
핵심역량	의사소통 및 협업능력, 비판적 사고력		
주제 개요 및 수업자 의도	주인공 고심이가 왕건희가 되었다. 하지만 실제 현실 속에서는 왕건희가 그렇게 행복해 보이지 않는 모습이다. 고심이는 이런 상황을 알게 되었지만 여전히 왕건희의 겉모습은 부러운 것투성이다. 먼저 다정한 엄마, 부자인 아빠, 좋은 집 등 왕건희의 배경을 확인하고 학생들에게 왕건희가 되고 싶은지 가치수직선으로 정리한다. 그리고 가치수직선 토의토론을 통해 나의 마음을 정리하고 왜 내 마음이 바뀌었는지, 바뀌지 않았다면 왜 바뀌지 않았는지 전체 발표를 하는 흐름으로 수업을 진행하고자 한다.		
평가 관점	수업의 흐름	자료 및 유의점	반성 및 성찰
	◎동기유발 －왕건희의 실제 모습은?		
	〈배움 주제〉 －나는 왕건희가 되고 싶은지 가치수직선 토의토론하기 〈배움 순서〉 －성독하기 －가치수직선 토의토론하기		
	◎성독하기 －소리 내어 읽기 －어려운 낱말, 인상 깊은 구절 정리하기		

비판적 사고력, 의사소통 및 협업능력	◎가치수직선 토의토론하기 –'나는 왕건희가 되고 싶다.'라는 논제에 대해 내 생각을 정리하기 –나의 첫 번째 생각을 칠판에 표시하기 –모둠끼리 토론하기 –반 전체 토론하기 –바뀐 나의 생각을 가치수직선에 정리하고 칠판에 표시하기 –바뀐 이유 발표하기	–학습지(가치수직선) –먼저 정리할 시간 7분 –가치수직선 토의토론 7분	–반 전체 토론은 실제로 하기 힘들다. 짝꿍과 먼저 토론하고 모둠끼리 하는 것이 더 좋을 것 같다. 반 전체 토론에 시간이 부족하다면 모둠 토론만 해도 충분히 수업 흐름을 편하게 가져갈 수 있다.

수업의 실제

[활동 1] 성독하기

학급 전체가 한 페이지를 같이 크게 읽는다. 모둠별로 한 문단씩 읽고 개인별로 한 문장씩 읽는다. 그리고 읽으면서 어려운 낱말 3개를 국어

성독하기

가치수직선 토의토론하기

사전에서 찾고 정리한다. 인상 깊은 구절을 확인한 후 이유를 정리한다.

[활동 2] 가치수직선 토의토론하기

'나는 왕건희가 되고 싶다.'라는 논제에 대해 먼저 자신의 생각을 정리한다. 그리고 그 생각에 따라 입론문을 작성한다. 수업자는 가치수직선 토의토론을 이렇게 반 전체로 가져가는 방법과 모둠에서 1차 가치수직선 토론을 한 후 바뀐 생각을 가지고 2차 가치수직선 토론으로 가져가는 방법(수업 17번 참고)의 두 가지를 선택할 수 있다.

본 차시에서는 나의 생각에 대해 입론문을 작성하고, 모둠끼리 토론, 학급 전체 토론 후 자신의 바뀐 생각에 대해 다시 최종 입론문을 작성한다.

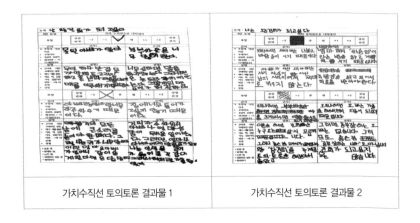

| 가치수직선 토의토론 결과물 1 | 가치수직선 토의토론 결과물 2 |

가치수직선 토의토론 알아보기

● 가치수직선 토의토론이란?

먼저 자신의 현재 상태를 살펴보고 도약과제에 대한 자신의 생각을 정리한다. 그리고 자신과 입장이 같거나 다른 사람들의 생각에 대해 들어보고 이야기한 뒤 자신의 생각과 입장에 변화가 있는지 살펴보는 수업 방법이다.

이를 통해 자신만의 주관적인 가치판단을 다른 친구들과의 토의토론으로 객관화시킬 수 있으며, 가치판단력 및 자존감을 향상시킬 수 있다. 이 수업 활동의 특성상 찬성, 반대, 중립의 태도를 가진 학생들이 고루 섞일 수 있도록 모둠 구성을 하는 준비가 필요하다.

● 가치수직선 토의토론 주제

가치수직선 토의토론은 찬성 및 반대의 가치 판단을 내릴 수 있는 주제를 정한다. 학생들이 정확하게 찬성과 반대로 나뉠 수 있는 주제도 좋지만, 찬성과 반대로 나누기에 애매한 주제를 정하면 더 좋다.

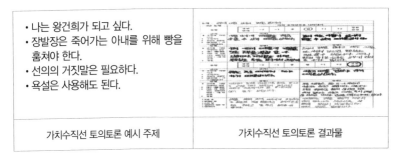

• 나는 왕건희가 되고 싶다. • 장발장은 죽어가는 아내를 위해 빵을 훔쳐야 한다. • 선의의 거짓말은 필요하다. • 욕설은 사용해도 된다.	
가치수직선 토의토론 예시 주제	가치수직선 토의토론 결과물

다양한 생각을 들어볼 수 있는 좋은 기회이기 때문이다.

토론을 하기 전에 교사는 찬성, 반대, 중립에 대한 학생들의 생각을 먼저 물어보고, 다양한 위치의 학생들이 모둠원에 포함될 수 있게 구성한 후 토의토론을 시작한다.

● 가치수직선 토의토론 순서

❶ 4~5명 정도의 인원으로 모둠을 구성한다.

❷ 개인별로 가치수직선 토의토론 활동지를 나누어준다.

❸ 사회자(교사)가 도약과제를 공개한다.

❹ 개인의 의견을 활동지에 적는다.

　• 찬성인지 반대인지 중립인지 자신의 위치를 정한다.

　• 위치를 정한 후 정한 위치에 관련하여 주장과 근거를 적는다.

❺ 모둠에서 차례대로 자신의 생각을 말하고, 다른 모둠원 친구들은 질문을 한다.

❻ 토의토론 후 도약과제에 대한 자신의 위치를 다시 정한다.

❼ 두 번째 정한 자신의 위치에 대해 주장과 근거를 정리한다.

❽ 정리한 결과를 전체 발표한다.

◎ 준비물: 활동지(가치수직선 토의토론), 사인펜

배움 주제	고물상 집 딸 고심이, 왕건희가 되다.	
준비물 및 자료, 예습적 과제	교사	학습지(써클맵)
	학생	국어사전, 책 읽어오기(29~35)
핵심 성취기준	의견을 제시하고 함께 조정하며 토의한다. 글을 읽고 내용의 타당성과 표현의 적절성을 판단한다.	
핵심역량	의사소통 및 협업능력, 비판적 사고력	
주제 개요 및 수업자 의도	고심이는 타자기를 이용하여 왕건희가 된다. 고심이는 건희가 되어 건희의 가정사, 부모님의 불화, 아버지의 외도 등을 지켜본다. 학생들은 고심이가 건희가 되었을 때 처음에는 너무나 행복하고 좋을 것 같다고 생각했다. 하지만 고심이는 여러 가지 사실을 보면서 어리둥절하고 당황했을 것이라고 추측할 수 있다. 그래서 본 차시에서는 왕건희라는 인물에 대해 더 이해하는 시간을 갖고자 한다. 왕건희에 대해 알아보기 위해 써클맵으로 핵심 키워드를 정리한 후 이와 관련된 질문을 만들어 짝과 하브루타를 하는 써클맵 하브루타 수업을 진행하려 한다. 보통 수업에서는 수업 시간에 먼저 읽고 성독을 하지만, 이번에는 읽어야 할 양이 많고, 학습해야 할 양이 많기 때문에 먼저 책을 읽어오라는 예습적 과제를 내주는 것이 좋을 것 같다.	

평가 관점	수업의 흐름	자료 및 유의점	반성 및 성찰
	〈배움 주제〉 –고물상 집 딸 고심이, 왕건희가 되다. 〈배움 순서〉 –써클맵 토의토론하기 –모둠 토론하기		
	◎ 써클맵 토의토론하기 –어려운 낱말, 인상 깊은 구절 정리하기 –전체 발표하기 –'왕건희' 주제로 핵심 키워드 정리하기 –핵심 키워드를 활용하여 질문 만들기	–이번 시간에 배울 양이 많기 때문에 해당 부분을 미리 읽어온다. –학습지(써클맵)	–써클맵 토의토론은 10분 정도면 충분하다.

비판적 사고력, 의사소통 및 협업능력	◎ 모둠 토론하기 -써클맵 토의토론을 통해서 나온 질문으로 짝 토론하기 -좋은 질문으로 모둠 토론하기 -모둠 토론 후 내용 정리하기 -전체 발표하기	-써클맵으로 하브루타를 하면서 항상 상대방의 의견에 질문할 수 있도록 안내한다.	-짝 토론을 할 때 소극적인 아이들도 확실히 더 편하게 토론한다.

수업의 실제

[활동 1] 써클맵 토의토론하기

모둠원들과 '왕건희'라는 주제로 핵심 키워드를 정리한다. 그리고 그 키워드와 관련하여 떠오르는 다양한 질문을 떠올린다. 떠올린 질문을 바탕으로 학습지에 질문을 정리한다. 질문을 정리할 때 비주얼 씽킹을 활용하면 더 좋다.

써클맵 토의토론하기

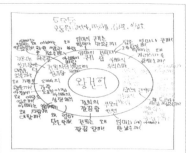

써클맵 토의토론 결과물

[활동 2] 모둠 토론하기

활동 1에서 써클맵 토의토론을 통해 다양한 질문을 만들었다. 모둠원들과 함께 질문을 만들었기 때문에 왜 이런 질문이 만들어졌는지 다들 어느 정도 이해할 수 있다. 또한 자신도 참여하여 많은 이야기를 나눠보고 싶을 것이다.

먼저 써클맵 토의토론 결과물을 보고 짝 토론을 한다. 그리고 짝 토론을 통해 선정된 좋은 질문을 가지고 모둠 토론을 한다. 모둠 토론 후 최고의 질문과 합의된 모둠의 답을 전체 발표를 통해 학급 친구들과 나눈다.

짝 토론하기

모둠 토론하기

써클맵 토의토론 알아보기

● 써클맵 토의토론이란?

주제를 정의하는 방법을 활용하여 학생들이 토의토론을 할 수 있도록 고안한 학습방법이 써클맵 토의토론이다. 학생들은 왕건희라는 인물에 대해 떠오르는 생각이나 이미지를 적는다. 그리고 생각이나 이미지와 관련된 질문을 적고, 질문에 대해 토의토론한다. 이 방법을 통해 왕건희라는 인물에 대해 심도 있게 이해할 수 있다.

● 활용 가능한 토의토론 주제

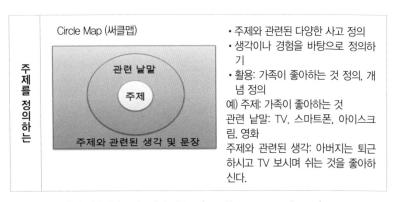

※씽킹맵 도식 출처: 하유쌤의 꿈꾸는 캔버스 블로그(https://blog.naver.com/ohayuo)

● 써클맵 토의토론 순서

❶ 4~6명으로 모둠을 구성한다.

❷ 사회자(교사)가 도약과제를 공개한다.

❸ 모둠에서 주제와 써클맵의 특성을 연결하여 이야기한다.

❹ 모둠별로 이야기한 결과를 써클맵으로 정리한다.

❺ 써클맵에서 정리한 질문을 활용하여 토의토론한다.

❻ 토의토론 결과를 정리한다.

❼ 모둠별로 발표한다.

❽ 다른 모둠과 토의토론 결과에 대해 질의응답을 한다.

◎ 준비물: 모둠 활동지, 색깔 펜

배움 주제	행복한 냄새는 정해져 있지 않다.	
준비물 및 자료, 예습적 과제	교사	학습지(인생곡선)
	학생	국어사전
핵심 성취기준	작품을 듣거나 읽거나 보고 떠오른 느낌과 생각을 다양하게 표현한다. 글의 유형을 고려하여 대강의 내용을 간추린다.	
핵심역량	정보활용능력	
주제 개요 및 수업자 의도	완벽하게 보였던 건희도 자신의 행복하지 않은 가정사를 보여주며 행복이 불가능했다고 말한다. 누구나 겉모습은 화려하고 좋아 보일 수 있다. 실제로 가족을 행복하지 않게 만드는 것은 무엇일지 고민해볼 수 있다. 돈, 관계, 말투, 행동 등 다양한 요인이 있을 것이다. 이번 시간에는 왕건희의 어머니가 주요 인물이다. 왕건희 어머니는 많은 사연을 가지고 있는 인물이다. 왕건희 어머니를 행복하게 만들거나 행복하게 만들지 못하게 하는 요소들을 파악하여 왕건희 엄마의 인생 곡선을 정리한다. 이러한 과정을 통해 학생들은 행복을 위해 무엇을 추구해야 하는지와 함께 소설에 나온 인물에 대한 이해를 높일 수 있다.	

평가 관점	수업의 흐름	자료 및 유의점	반성 및 성찰
	◎동기유발 –왕건희는 집에서 평소 어떤 기분으로 생활할까?		
	〈배움 주제〉 행복한 냄새는 정해져 있지 않다. 〈배움 순서〉 –성독하기 –엄마의 인생 곡선 정리하기		
	◎성독하기 –큰 소리로 읽기(모둠별) –어려운 단어, 인상 깊은 구절 표시하여 읽기 –국어사전을 찾고, 인상 깊은 구절을 노트에 정리하기		

정보활용능력	◎왕건희 어머니의 인생 곡선 정리하기 -왕건희 어머니의 인생 곡선 그리기 -돌아가며 말하기, 토의토론으로 공유하기 -전체 발표하기	-학습지(인생 그래프)	-왕건희 어머니의 긍정적인 부분을 +부분으로, 부정적인 부분을 -부분으로 생각해서 정리하도록 안내한다.

수업의 실제

[활동 1] 성독하기

처음에는 학급 전체가 한 페이지를 같이 크게 읽는다. 모둠별로 한 문단씩 읽고 개인별로 한 문장씩 읽는다. 소극적인 친구는 친구들과 함께 읽으면서 쑥스러움을 줄일 수 있다. 이렇게 점차 어색함을 줄여 나가며 크게 읽다 보면 개인별로 읽을 때도 자신감을 가질 수 있다.

읽으면서 어려운 낱말 3개를 국어사전에서 찾고 정리한다. 인상 깊은 구절을 확인한 후 이유를 정리한다.

[활동 2] 엄마의 인생 곡선 정리하기

이번 차시에서 중요한 활동은 왕건희 엄마의 인생 곡선을 그리는 활동이다. 성독을 통해서 내용을 파악한 후 인생 곡선을 그린다. 곡선을 그릴 때는 비주얼씽킹을 활용한다. 학생들은 인생 곡선을 그린 후 돌아가며 말하기 토의토론으로 자신의 생각을 나눈다. 이때 듣는 학생들은 꼭 질문을 하나씩 하도록 안내한다.

왕건희 엄마의 인생 곡선 그리기

자신이 정리한 결과물 이야기 나누기

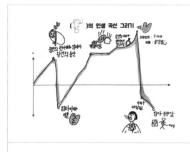
엄마 인생 곡선 결과물 1

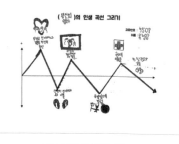
엄마 인생 곡선 결과물 2

고심이, 수상한 고물상을 차리다(39~44)

배움 주제	고심이, 수상한 고물상을 차리다. (2차시 수업)	
준비물 및 자료, 예습적 과제	교사	
	학생	국어사전, 입론문 작성 결과물 가져오기
핵심 성취기준	작품을 듣거나 읽거나 보고 떠오른 느낌과 생각을 다양하게 표현한다. 글의 유형을 고려하여 대강의 내용을 간추린다.	
핵심역량	정보활용능력, 비판적 사고력	
주제 개요 및 수업자 의도	고심이는 왕건희에서 다시 현실(고심이)로 돌아온다. 그리고 할아버지를 만나 타자기를 이용하여 장사를 하고자 한다. 할아버지는 자신에게 호리병을 주는 조건으로 장사하는 것에 동의한다. 본 차시에는 이번 제재 글(행복한 냄새는 정해져 있지 않다)에서 한 구절("돈과 행복은 반비례하지 않는다.")을 가지고 토론을 하고자 한다. '돈과 행복은 반비례하지 않는다.'라는 말은 학생들이 토론 논제로 이해하고 쓰기 어렵기 때문에 '돈이 많을수록 행복하다.'라는 토론 논제로 바꿔서 이번 차시에서는 입론문만 작성한다. 다음 차시에서는 물레방아 토론 후 패널토론의 흐름으로 진행하고자 한다.	

평가 관점	수업의 흐름	자료 및 유의점	반성 및 성찰
	◎동기유발 −고심이는 돈을 많이 벌어서 무엇을 하고 싶은 것일까요?		
	〈배움 주제〉 고심이, 수상한 고물상을 차리다 〈배움 순서〉 −입론문 쓰기 −토론하기		
정보활용능력	◎ 입론문 작성하기(1차시 수업) −묵독하기 −어려운 단어 국어사전 찾기 −'돈이 많을수록 행복하다.'라는 논제로 찬성 입론문 쓰기 −'돈이 많을수록 행복하다.'라는 논제로 반대 입론문 쓰기	−국어사전 −본 차시에서는 입론문 쓰기에 집중하기 위해 소리 내어 읽지 않는다. −사단논법에 맞게 입론문을 작성한다.	−다음 차시에 할 물레방아 토론을 위해 찬성, 반대 입론문을 다 작성하도록 한다. −예시와 설명을 풍부하게 쓸 수 있도록 안내한다.

| 비판적 사고력 | ◎ 토론하기(1차시 수업)
-물레방아 토론 준비하기
-물레방아 토론하기
-물레방아 토론 3회 반복하기(찬성 2번, 반대 2번 입장으로 토론하기 위한 것)
-패널 토론하기
-토론 이후 입장이 바뀐 학생 알아보고 발표하기 | -물레방아 토론 시 입장을 바꿔 토론을 진행한다. | -패널토론을 할 때 학생들에게 외적인 보상의 약속보다는 내적 성장과 발전 가능성에 대해 평소에 강조한다. 외적인 보상으로 나오는 학생들만 패널토론자가 되면 토론의 수준이 떨어진다. |

수업의 실제

[활동 1] 입론문 쓰기

배움 주제 관련 내용 중에 할아버지는 고심이에게 "돈과 행복은 반비례하지 않는다."라고 말한다. 이 구절과 관련하여 학생들은 어떻

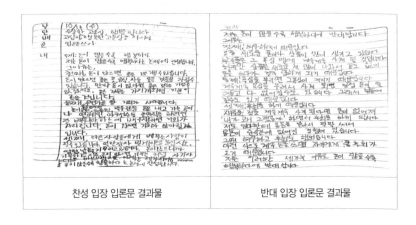

| 찬성 입장 입론문 결과물 | 반대 입장 입론문 결과물 |

게 생각하는지 토론하고자 한다. 그런데 부정문은 논제로서 학생들이 이해하기 어렵기 때문에 '돈이 많을수록 행복하다.'로 변경하여 진행한다.

토론은 물레방아 토론으로 찬반을 번갈아 가면서 할 예정이기 때문에 이번 차시에서는 찬성, 반대 입론문을 함께 작성한다.

[활동 2] 토론하기

활동 1에서 '돈이 많을수록 행복하다.'라는 논제로 찬성과 반대 입론문을 모두 작성하였다. 본 차시에서는 물레방아 토론을 한다. 바깥쪽 원에 있는 학생은 이동하지 않고, 안쪽 원에 있는 학생만 토론을 한 번 하고 시계 방향으로 한 칸씩 이동한다. 이동할 때마다 찬성과 반대 입장을 바꿔서 토론하고, 이렇게 4회의 토론을 마친다. 그다음에 자신의 생각이 생기고 나면 토론을 더 깊게 하고 싶은 친구를 추천하거나 자원하여 찬성/반대 3:3 패널 토론을 한다.

물레방아 토론하기	패널 토론하기

물레방아 토론 알아보기

● 물레방아 토론이란?

　물레방아 토론은 회전목마 토론, 선풍기 토론이라고도 불린다. 1:1 토론을 여러 회에 걸쳐 실시하는 방식으로 진행된다. 방법은 2개의 원 중 안쪽 원에 앉은 사람이 빙글빙글 물레방아처럼 돌면서 짧은 찬반 토론을 반복한다. 찬반 토론이지만 시간이 짧아, 참여자가 느끼는 부담은 적다.

● 물레방아 토론 수업 방법

단 계	내 용
토론 준비하기	• 2개의 동심원을 만들고 안쪽 원과 바깥쪽 원에 같은 수의 토론자가 서로 마주 볼 수 있도록 자리를 배치한다. • 개인별로 메모지를 나누어주고 토론 주제를 알려준 다음 각자의 의견을 메모지에 적는다.
토론하기	• 먼저 안쪽 토론자는 찬성, 바깥쪽 토론자는 반대로 한다. 표 참조
이동하기	• 제한 시간이 되면 안쪽에 있는 학생이 오른쪽으로 이동한다.

활동순서	찬성(시간)	반대(시간)
1	입안(30초)	
2		입안(30초)
3	교차질의(2분)	

토론하기	• 안쪽 토론자는 반대, 바깥쪽 토론자는 찬성으로 입장을 바꾼다.		

활동순서	찬성(시간)	반대(시간)
1	입안(30초)	
2		입안(30초)
3	교차질의(2분)	

	• 2회 반복 실시한다(찬성 2회, 반대 2회를 경험하기 위한 방법).

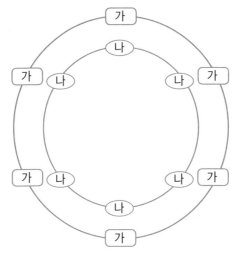

물레방아 토론 배치구조

배움 주제	수상한 고물상을 발견한 왕건희(2차시 수업)	
준비물 및 자료, 예습적 과제	교사	A4용지
	학생	국어사전
핵심 성취기준	쓰기에 자신감을 갖고 자신의 글을 적극적으로 나누는 태도를 지닌다. 글에서 낱말의 의미나 생략된 내용을 짐작한다.	
핵심역량	정보활용능력, 의사소통역량	
주제 개요 및 수업자 의도	고심이가 할아버지를 만나 직접 고물상을 차리겠다고 선언하고 준비한다. 고심이는 할아버지로부터 타자기와 호리병을 얻는다. 고심이가 인터넷 카페에 알리려는 글(안내글)을 직접 써본다. 그리고 이번 내용은 고심이 학교의 인터넷 카페에 대한 내용이 주가 된다. 이 카페는 회원 수가 많고, 중고나라처럼 물건을 사고팔기도 하고 사랑 고백이나 고민 상담까지도 하는 곳이다. 하지만 한 학생이 따돌림을 당하고 나서 폐쇄되었다가 다시 카페가 열렸다. 실제로 많은 학생들은 카페나 사이버상에서 상처를 입기도 하고, 피해를 주기도 한다. 그래서 혹시 학생들이 들었던 사이버 폭력과 관련된 경험담이나 실제로 당했던 이야기들에 대해 정리하고 돌아가며 말하기 토의토론으로 이야기를 나눠보고자 한다. 물론 해당 학생이 원치 않으면 발표나 이야기를 하지 않아도 되는 것으로 정했다.	

평가 관점	수업의 흐름	자료 및 유의점	반성 및 성찰
	◎동기유발 −되어보고 싶은 사람이 있나요?		
	〈배움 주제〉 고심이, 수상한 고물상을 차리다. 〈배움 순서〉 −성독하기 −안내문 작성하기		
	◎안내문 작성하기(1차시) −소리 내어 읽기 −어려운 낱말, 인상 깊은 구절 정리하기 −고심이가 되어 인터넷 게시 글 구상하기 −수상한 고물상, 인터넷 글 내용 정리하기 −전체 발표하기	−A4용지 −비주얼씽킹 활용하여 정리하기	

정보활용능력, 의사소통역량	◎사이버 폭력 이야기(1차시) –내가 들었거나 당했던 사이버 폭력 이야기 적기 –돌아가며 말하기 토의토론으로 경험나누기 –각각의 문제에 대해 어떻게 해결하면 좋을지 모둠 의견 만들기, 토의토론하기 –전체 발표하기	–A4용지	–자신의 이야기를 적는 것까지는 좋으나, 친구들에게 이야기하기 어려울 수 있다. 하기 싫으면 이야기하지 않는 것으로 인정하고 넘어가자.

수업의 실제

[활동 1] 안내문 작성하기

고심이가 안내글을 올리기 위해서는 어떤 내용이 들어가면 좋은지 모둠원 친구들과 토의토론을 한다. 논의한 내용 중에 필요한 부분을 선별해서 안내문을 작성하고, 자신이 작성한 결과물을 친구들과 이야기하며 나눌 수 있도록 한다.

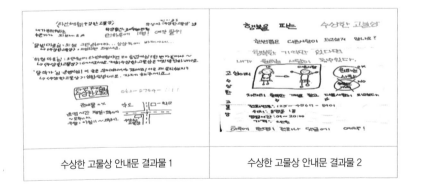

수상한 고물상 안내문 결과물 1	수상한 고물상 안내문 결과물 2

[활동 2] **사이버 폭력 이야기하기**

이 차시에서 주된 내용은 사이버 폭력으로 인해 나나 내 주위 사람들이 피해를 받을 수 있다는 점이다. 그래서 자신이 경험했거나 들었던 사이버 폭력과 관련된 내용을 정리하고, 모둠원 친구들과 해결 방법을 토의토론한다. 이후 사이버 폭력 예방 선언문 또는 선서문을 작성하고 실제로 선서하는 것까지 이어지면 더 좋을 것이다.

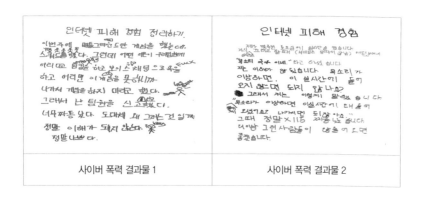

| 사이버 폭력 결과물 1 | 사이버 폭력 결과물 2 |

모둠의견 만들기 토의토론 알아보기

● 모둠의견 만들기 토의토론이란?

모둠의견 만들기 토의토론은 교사가 제시한 주제에 대해 학생들이 한 사람씩 차례대로 돌아가면서 자신의 생각을 나누고, 그렇게 나눈 이야기를 모둠원끼리 합의하여 모둠의견으로 만들어내는 토의토론 방법이다.

이러한 구조를 통해서 모둠원들은 서로의 생각과 창의적인 아이디어를 공유할 수 있고, 모둠의견을 만들기 위해 합의하는 과정을 통해 협업역량이나 의사소통역량을 기를 수 있다.

● 모둠의견 만들기 토의토론 주제

모둠에서 탐구하고 생각해볼 수 있는 주제라면 어떤 것이라도 괜찮다. 특별히 수업 진행 시 성취기준에 따른 핵심 질문 및 주제에 대한 토의토론을 하는 것도 좋다.

• 수상한 고물상 인터넷 홍보글 만들기 • 사이버 폭력을 예방할 수 있는 방법 알아보기 • 우리나라의 가장 중요한 미덕은 무엇인가? • 조선이 유교를 나라의 근본으로 삼게 된 이유는 무엇인가?	
모둠의견 만들기 토의토론 예시 주제	활동 모습

● 모둠의견 만들기 토의토론 순서

① 4~6명으로 모둠을 구성한다.

② 사회자(교사)가 도약과제를 공개한다.

③ 각자 주제와 관련해서 생각할 시간을 갖는다.

④ 모둠 내에서 번호순으로 돌아가면서 자신의 생각을 나눈다.

⑤ 모둠의 생각을 나눈 후 모둠의견을 만들기 위해 합의한다.

❻ 각 모둠의 토론 결과를 발표한다.

❼ 다른 모둠과 토론 결과에 대해 질의응답을 한다.

◎ 준비물: 보드마카, 모둠 칠판

배움 주제	고물상의 첫 번째 손님, 왕건희	
준비물 및 자료, 예습적 과제	교사	학습지(윈도우패닝)
	학생	국어사전
핵심 성취기준	쓰기에 자신감을 갖고 자신의 글을 적극적으로 나누는 태도를 갖는다. 읽는 이를 고려하며 자신의 마음을 표현하는 글을 쓴다.	
핵심역량	지식정보처리역량, 심미적 감성역량	
주제 개요 및 수업자 의도	이번 내용은 아빠가 엄마를 무시하며 싸운 후에 건희가 고심이를 찾아가는 시간의 흐름이 잘 드러나 있다. 글을 읽고 시간의 흐름에 따라 사건을 파악하는 능력은 굉장히 필요하며, 중요하다. 학생들에게 건희가 오늘 하루 겪었던 일에 대해서 생각해보고, 친구들과 함께 건희의 하루에 대해 이야기하며 의견을 나눌 기회를 준다. 그리고 윈도우패닝을 활용한 플로우맵으로 정리한다. 이를 돌아가며 쓰기 토의토론으로 과정평가를 하는 흐름으로 수업을 디자인한다.	

과정평가	수업의 흐름	자료 및 유의점	반성 및 성찰
	◎동기유발 −부모님이 싸웠던 경험이 있나요? −그때 기분은 어땠나요? 부모님이 싸웠을 때 나는 어떻게 했나요?		
	〈배움 주제〉 고물상의 첫 번째 손님, 왕건희 〈배움 순서〉 −성독하기 −윈도우 패닝 정리하기		
	◎성독하기 −큰 소리로 읽기(반 전체, 모둠별, 개인 순서) −어려운 단어, 인상 깊은 구절 표시하여 읽기 −국어사전에서 찾고, 인상 깊은 구절을 노트에 정리하기 −전체 발표하기	−어려운 단어 3개를 찾고, 이 세 단어를 활용하여 한 문장 만들기	

| 지식정보처리 역량, 심미적 감성역량 | ◎윈도우패닝 정리하기
-건희의 하루에 대해서 생각하기
-건희가 하루 동안 무엇을 하는지 모둠원 친구들과 이야기 나누기
-시간 순서대로 윈도우패닝 정리하기
-돌아가며 쓰기 토의토론으로 과정평가하기
-전체 발표하기 | -학습지(윈도우패닝) | -돌아가며 쓰기 토의토론을 통해 자연스러운 과정평가를 할 수 있다. 과정평가를 하면서 학생들의 태도까지 적을 수 있도록 안내한다. |

수업의 실제

[활동 1] 성독하기

학급 전체가 한 페이지를 같이 크게 읽는다. 모둠별로 한 문단씩 읽고, 개인별로 한 문장씩 읽는다. 소극적인 친구는 친구들과 함께 읽으면서 쑥스러움을 줄일 수 있다. 어색함을 점차 줄여나가면서 크게 읽다 보면 개인별로 읽을 때 자신감을 가질 수 있다. 그리고 읽으면서 어려운 낱말 3개를 국어사전에서 찾고 정리한다. 인상 깊은 구절을 확인한 후 이유를 정리한다.

[활동 2] 윈도우패닝 정리하기

건희가 오늘 하루 어떻게 시간을 보냈는지 생각해본다. 모둠원 친구들과 건희의 하루에 대해서 이야기하고, 건희에 대한 느낌을 공유

건희가 하루 동안 무엇을 하는지 생각하기

윈도우패닝 정리하기

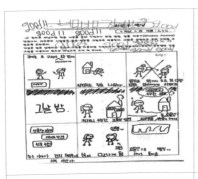

윈도우패닝 결과물 1

윈도우패닝 결과물 2

한다. 이를 윈도우패닝 활동지에 비주얼씽킹을 활용하여 정리한다.
완성된 결과물에 모둠원 친구들이 돌아가며 쓰기 토의토론으로 과정
평가를 한다.

돌아가며 쓰기 토의토론 알아보기

● 돌아가며 쓰기 토의토론이란?

교사가 하나의 도약과제를 제시하면 학생들은 그 도약과제에 대한

자신의 생각을 적고, 모둠원들이 적은 내용을 순서대로 보면서 자신의 배움을 적는 수업방법이다. 토의토론 수업은 주로 친구들과 함께 이야기를 해야 하는데, 소극적인 아이들은 적극적으로 참여하기 어렵다. 반면에 돌아가며 쓰기 토의토론은 모둠에서 한 명의 학생도 빠짐없이 참여할 수 있다. 말을 하지 않고 모둠원 결과물을 보고 자신의 생각을 적는 것으로 표현하기 때문에 소극적인 학생들도 자신의 생각을 온전히 표현할 수 있다.

이 수업의 팁은 모둠원 학생들마다 다른 색깔 볼펜을 활용하여 의견을 적도록 하는 것이다. 이렇게 하면 누가 적었는지 알 수 있어서, 돌아가며 쓰기 토의토론을 마친 후 추가로 친구들과 적어준 내용에 대해 피드백하며 이야기 나누기가 편하다.

● 돌아가며 쓰기 토의토론 주제

돌아가며 쓰기 토의토론은 어떤 주제든 잘 활용할 수 있다. 국어, 미술 등 전 교과에서 사용 가능하며 특히 수업 전개, 정리 단계에서

• 모둠원 미술 작품에 대해 자신의 생각 정리하기 • 왕건희에게 편지쓰기 • 내가 왕건희라면 어떤 선택을 했을까? • 왕건희가 아빠와 엄마의 싸움을 말릴 수 있는 방법을 정리해보자.	
돌아가며 쓰기 토의토론 예시 주제	돌아가며 쓰기 토의토론 결과물

적용하면 좋다.

● 돌아가며 쓰기 토의토론 순서

❶ 4~5명 정도의 인원으로 모둠을 구성한다.

❷ 사회자(교사)가 도약과제를 공개한다.

❸ 자신만의 생각할 시간을 갖는다.

❹ 도약과제에 대한 자신의 생각을 정리하며 결과물을 완성한다.

❺ 모둠원의 결과물을 순서대로 보면서 자신의 의견을 결과물에 적는다.

❻ (선택) 모둠에서 추가로 작품에 대한 이야기를 한다.

❼ 결과물에 대해 전체 발표한다.

13 │ 왕건희, 남자 친구가 많은 이진리가 되다(55~63)

배움 주제	왕건희, 남자 친구가 많은 이진리가 되다.(2차시 수업)		
준비물 및 자료, 예습적 과제	교사	2절지, 매직, 싸인펜	
	학생	모둠별 조사자료 가져오기	
핵심 성취기준	관심 있는 주제에 대해 자신의 의견이 드러나게 글을 쓴다. 읽기 경험과 느낌을 다른 사람과 나누는 태도를 지닌다.		
핵심역량	정보활용능력, 의사소통역량		
주제 개요 및 수업자 의도	이번 내용에서는 가정환경이 우수하다고 생각하는 왕건희가 다정하면서 공부 잘하고 멋진 남자 친구, 예쁜 얼굴, 상큼 발랄한 말투를 가지고 있는 이진리가 된다. 왕건희는 이진리가 되어 진리의 친한 친구 김빛나를 만난다. 김빛나는 진리에게 임신한 것 같다고 말한다. 아기를 지워야 되겠다고까지 말하는 빛나. 최근에 청소년 임신에 대한 기사와 뉴스를 본 적이 있다. 개인적으로 몇몇 남학생들에게 물어보면 야한 동영상을 보는 친구들도 꽤 많다고 하고, 그런 이야기를 친구들끼리 모여서 한다고 들었다. 이러한 영상매체를 통해 학생들이 왜곡된 성 개념을 갖게 될 수 있다. 따라서 이번 차시에는 성교육과 관련하여 학생들이 2차성징, 남, 녀, 임신의 과정, 청소년의 잘못된 임신 사례, 낙태의 6가지 주제로 모둠별로 조사 · 발표한다. 이번 수업에는 읽어야 할 지문이 많으므로 이를 전에 미리 읽어오게 한다. 그리고 수업 전날에 쉬는 시간을 활용하여 학생들이 조사해야 할 주제를 선택하게 한다. 수업 당일 2차시에 걸쳐서 1차시는 보고서 작성하기, 다음 1차시는 전시장 관람 토의토론 흐름으로 수업을 진행한다.		

과정평가	수업의 흐름	자료 및 유의점	반성 및 성찰
	◎동기유발 –이성 친구에게 관심이 있나요?		
	〈배움 주제〉 왕건희, 남자 친구가 많은 이진리가 된다. 〈배움 순서〉 –전시장 준비하기 –전시장 관람 토의토론하기		
	◎전시장 준비하기(1차시 수업) –보고서 개요 정하기 –조사한 자료 분류 · 정리하기 –모둠별 보고서 작성 역할 나누기 –보고서 작성하기	–사진이 꼭 들어갈 수 있도록 한다. 가시성과 이해를 높이기 위함이다.	

정보활용능력, 의사소통역량	◎전시장 관람 토의토론하기(1차시 수업) -모둠별 전시장 관람 준비하기 -앞 짝 2명은 설명하고, 뒤의 짝 2명은 설명 듣기 -역할을 바꿔 전시장 관람 토의토론하기	-2절지, 매직, 사인펜 -1타임당 3분 -역할을 바꿔 3분	-설명을 듣는 학생들은 꼭 질문을 하나씩 하도록 한다(설명을 듣는 데 집중 UP! 필수!)

수업의 실제

[활동 1] 전시장 준비하기

미리 조사한 자료를 바탕으로 어떻게 보고서를 작성할 것인지 개요를 정한다. 개요에 맞춰 자료를 분류 · 정리하고 보고서를 작성한다. 이때 가독성을 높이기 위해 중요한 내용은 글씨를 크게 강조할 수 있도록 안내한다. 100줄의 글보다 하나의 사진 자료가 더 이해를

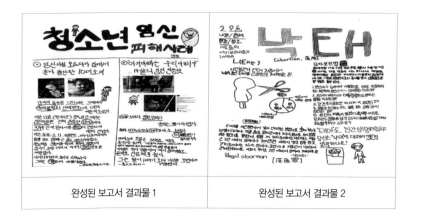

완성된 보고서 결과물 1	완성된 보고서 결과물 2

높일 수 있다는 말을 미리 해주고 꼭 사진자료를 활용하도록 한다. 사진 자료가 없다면 비주얼씽킹을 활용하여 보고서의 이해도를 높이도록 한다.

[활동 2] 전시장 관람 토의토론하기

활동 1에서 완성된 보고서를 바탕으로 수업 시작 전(쉬는 시간)에 전시장 관람을 하도록 준비한다. (아래 사진처럼) 준비가 되면 실제 수업 시간에는 앞 짝 친구는 설명하고, 뒤의 짝 친구들은 돌아다니며 설명을 듣고 이것을 노트에 정리한다. 이때 설명을 듣는 친구들은 설명하는 친구들에게 무조건 질문을 하나 이상 하도록 한다. 역할을 바꿔서 다시 진행한다.

전시장 관람 토의토론을 하는 모습	자유롭게 질문을 주고받는 모습

전시장 관람 토의토론 알아보기

● 전시장 관람 토의토론이란?

전시장 관람 토의토론은 전시장에서 큐레이터가 방문객에게 여러 작품을 설명하듯이 각 모둠에서 다양한 방식을 통해 만들어낸 작품 (전시물, 미술작품, 발표자료, 모둠과제 등)을 모둠의 대표가 다른 구성원들에게 설명하는 방식의 활동이다. 이때 학생들은 모둠별로 모여서 순서대로 옮겨 다니며 정보 및 지식을 습득하거나 평가하고, 토의토론을 한다.

● 활용 가능한 토의토론 주제

연 차시로 수업이 진행될 경우 전시장 관람 토의토론은 주제와 관련된 아이디어나 사건이 5~6개일 때 사용하기 좋은 학습 방법이다. 이는 한 시간은 발표자료를 작성하고, 다른 한 시간은 학급에 있는 모든 모둠을 이동하며 학습하고 역할을 바꾸기 위한 것이다. 만약 한 시간으로 수업이 진행될 경우에는 주제와 관련된 아이디어나 사건이 2~3개 정도인 것이 좋다.

● 전시장 관람 토의토론 순서(2시간, 80분으로 수업을 진행할 경우)

❶ 사회자(교사)가 도약과제를 공개한다.

❷ 각 모둠은 역할을 분담하고 발표자료 제작을 논의한다.

❸ 필요한 준비물(전지, 사인펜, 발표자료 등)을 마련하고, 작품 활동에 들어간다.(1시간)

❹ 모둠별로 완성한 작품을 지정된 장소에 붙인다.

❺ 본격적인 발표에 들어가기 전 발표 팀을 나눈다.(보통 앞 짝꿍, 뒷 짝꿍으로 나눔)

❻ 발표 팀끼리 발표 연습을 한다.

❼ 모둠에서 발표 팀을 남기고 다른 발표 팀은 옆 모둠 작품으로 이동하여 옆 모둠의 설명을 듣는다.

❽ 교사의 신호에 따라 발표 팀은 자기 앞에 온 다른 모둠의 학생들에게 자기 모둠의 작품이나 발표 결과물에 대한 내용을 설명한다. 이때 다른 모둠의 학생들은 설명한 내용에 대해 토의토론하거나 노트에 정리한다.

❾ 4~5회 이동 후 역할을 바꿔서 먼저 발표한 학생들은 이동하며 설명을 듣고, 이동하며 설명을 들었던 학생은 자신의 모둠에서 발표를 한다. (2시간)

◎ 준비물: 2절지, 가위, 풀, 발표자료, 사인펜, 매직, 색연필, 각종 사진 등

14 │ (심화수업) 왕건희, 남자 친구가 많은 이진리가 되다(55~63)

배움 주제		'청소년 낙태를 허용해야 한다'라는 논제로 토론하기	
과정(분)	중심 내용	배움 활동	자료(□) 및 유의점(○)
배 움 두드리기 (2')	문제 상황 확인하기 배움 주제 알아보기	◎문제 상황 확인하기 –위스크 대화 활동하기 – 동영상 강의에서 배운 내용을 상기하고 질문하고 답하기(Summarize–Question) ◎배움 주제 알아보기 –배움주제: '청소년 낙태를 허용해야 한다'라는 논제로 토론하기	◎디딤 영상을 통해 수업의 흐름을 미리 알고 있으므로 디딤 영상의 내용 정도만 간단하게 위스크 대화를 이용하여 짝과 묻고 답하며 확인한다.
배 움 펼치기 (24')	입장 정하기 토론하기	◎입장 정하기 – '청소년 낙태를 허용해야 한다'와 '학원을 꼭 다닐 필요는 없다'의 입장 중 한 가지 선택하기 〈청소년 낙태 허용 VS 청소년 낙태 허용 x 토론하기〉 ◎'청소년 낙태를 허용해야 한다' 문제와 관련하여 전체 토론하기 <table><tr><td></td><td>찬성</td><td>반대</td></tr><tr><td rowspan="3">첫 판</td><td>제1주장</td><td></td></tr><tr><td></td><td>제2주장</td></tr><tr><td colspan="2">전원 교차질의</td></tr><tr><td rowspan="3">둘째 판</td><td>제1주장</td><td></td></tr><tr><td></td><td>제2주장</td></tr><tr><td colspan="2">전원 교차조사</td></tr><tr><td>준비시간</td><td colspan="2">2분</td></tr><tr><td rowspan="2"></td><td>마지막 주장</td><td></td></tr><tr><td></td><td>마지막 주장</td></tr></table>	◎토론을 진행하기 전 토론의 평가요소(태도, 논리성, 협동심, 설득력)에 대해서 설명을 해 준다. ◎학생들이 토론을 하면서 이기고 지는 것에 중점을 두지 않고 그 과정에서 어떤 것을 배웠는가에 중점을 두는 것이 더 중요하다고 지도한다. ◎전원 교차조사에서는 학생들이 자신이 준비한 근거에 대해서 다 설명한 후 물어보는 것이 아니라 상대방을 설득시킬 수 있는 짧은 질문을 할 수 있도록 지도한다.

| 배움
다지기
(14') | 학생의 삶과
토론 연결하
기 | ◎토론 후 평소에 말하고 싶은 대상을 정하
고 하고 싶은 말 하기
– '학원을 다녀야 한다'라는 토론 수업 후
말하고 싶은 대상, 하고 싶은 말을 전체 학
생과 학부모님이 릴레이 발표한다. | |
| | 배움 나누기 | ◎이번 수업 시간에 배운 내용을 정리하고
소감 이야기하기
– 이 시간 공부를 통해 자신에게 일어난
배움 이야기하기 | |

수업의 실제

[활동 1] **입론문 작성하기** (학급 전체 토론 전 차시 수업)

전 차시에 성과 관련된 다양한 주제로 공부를 하였다. 그렇다면 만 약 빛나가 임신을 했다면(실제 내용에서는 임신이 아니라고 다음 주제에 나온다) 청

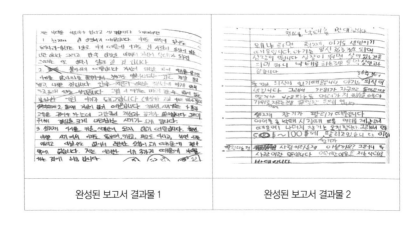

| 완성된 보고서 결과물 1 | 완성된 보고서 결과물 2 |

소년 낙태를 허용해야 한다는 논제로 학생들과 가볍게 이야기한다. 그리고 찬성 측과 반대 측의 논거를 칠판에 정리한다. 이를 활용하여 1, 2, 3모둠은 찬성의 입장에서, 그리고 4, 5, 6모둠은 반대의 입장에서 입론문을 작성한다.

[활동 2] **학급 전체 토론하기**(본 차시 수업)

전 차시 활동 1에서 완성된 입론문을 바탕으로 각 입장별로 대표 토론자 3명씩을 먼저 선정하고, 대표 토론자 순서를 정한다. 첫 번째, 두 번째 토론이 끝날 때마다 전원 교차질의를 한다. 그리고 마지막 주장을 하기 전 준비 시간에 자료를 더 보충하거나 다듬는다. 대표 토론자가 아닌 학생들은 사회자가 전원 교차질의 후 상대방에게 질문할 수 있는 시간을 주면 그때 참여할 수 있도록 한다.

학급 전체 토론하는 모습

마지막 주장 전 자료 공유하는 모습

학급 전체 토론 알아보기

● 학급 전체 토론이란?

학급 전체 토론은 하나의 토론에 학급 모두가 참여하는 수업 방법이다. 전체 학생을 반으로 나누어 찬성과 반대로 편을 나누어 모두 토론에 참여한다. 보통 찬성과 반대는 무작위로 나눠서 임의로 정한다.

토의토론은 다양한 사고를 확장하기 위한 방법이다. 그러나 자신이 원하는 입장만 선택해서 진행하면 다양한 사고를 배우기보다 자신의 기존 생각만 더욱 견고하게 될 수 있다. 보통 여섯 모둠이라면 세 모둠은 찬성, 다른 세 모둠은 반대를 하도록 안내한다.

● 학급 전체 토론 수업 방법

활동순서		찬성(시간)	반대(시간)
첫판	1	입안(1분 30초)	
	2		전원 교차조사(3분)
	3		입안(1분 30초)
	4	전원 교차조사(3분)	
둘째판	1	입안(1분 30초)	
	2		전원 교차조사(3분)
	3		입안(1분 30초)
	4	전원 교차조사(3분)	
마지막 주장(1분 30초)		작전 시간(3분)	
		마지막 주장(1분 30초)	

● 학급 전체 토론 활동 사례

학급 전체 토론을 하는 모습	작전 시간에 의견을 공유하는 모습

배움 주제	참을 수 없는 연애의 가벼움	
준비물 및 자료, 예습적 과제	교사	
	학생	국어사전
핵심 성취기준	관심 있는 주제에 대해 자신의 의견이 드러나게 글을 쓴다. 상대가 처한 상황을 이해하고 공감하며 듣는 태도를 지닌다.	
핵심역량	자기관리역량	
주제 개요 및 수업자 의도	이번 내용은 이진리가 부족한 자존감으로 인해 남자 친구에게 집착하는 내용, 진리의 친구 빛나가 임신으로 인해 걱정이 많았는데 임신이 아니라고 진리에게 말하는 내용으로 구성되어 있다. 본문 내용 중에 빛나는 진리에게 임신이 아니라고 말하면서, "이제 나 내 몸을 소중히 하려고…"라고 한다. 이 문장을 읽고 학생들에게 물어보니 생각보다 자신이 얼마나 소중한 존재인지 잘 모르고, 자존감이 낮은 경우도 많았다. 공부, 운동 등을 잘하는 것도 중요하지만 모든 일에 앞서 가장 중요한 것은 자기를 존중하고 사랑하는 일이다. 그래서 이번 시간에는 내가 왜 소중한지 이야기를 나눠보고, 나의 가격을 생각해보는 흐름으로 수업하고자 한다. 또한 이 수업을 통해 자존감이 낮은 학생이 있다면 추후 학생을 이해하고 상담할 수 있는 자료로서 활용하고자 한다.	

과정평가	수업의 흐름	자료 및 유의점	반성 및 성찰
	◎동기유발 −내가 사랑스러운가요?		
	〈배움 주제〉 참을 수 없는 연애의 가벼움 〈배움 순서〉 −성독하기 −나의 가격은?		
	◎성독하기 −큰 소리로 읽기(반 전체, 모둠별, 개인 순서) −어려운 단어, 인상 깊은 구절 표시하여 읽기 −국어사전에서 찾고, 인상 깊은 구절을 노트에 정리하기 −전체 발표하기	−어려운 단어 3개를 찾고, 이 세 단어를 활용하여 한 문장 만들기	

| 자기관리역량 | ◎나의 가격은?
-내가 왜 소중한지 생각하기
-'나의 가격은?'이란 주제로 글쓰기
-모둠별로 완성한 글에 대해 돌아가며 말하기 토의토론하기
-전체 발표하기
-(시간이 되면) 1:1토론으로 상대방의 글을 보고 상대방이 더 소중한 이유에 대해 토론하기 | -쓰면서 삼단논법을 활용하여 입론문처럼 쓰면 더 칭찬해주기
-상대방이 더 소중한 이유에 대해 토론하다 보면 나에 대한 자존감을 높일 수 있다. | -실제로 수업을 해보면 자신이 왜 소중한 존재인지 잘 모르거나 자신의 장점을 모르는 친구들도 많다. 글을 쓰기 전에 '짝꿍이 생각하는 나의 장점 3가지 말하기' 등과 같은 과정을 거치고 수업하면 굿~ |

수업의 실제

[활동 1] 성독하기

학급 전체가 한 페이지를 같이 크게 읽는다. 모둠별로 한 문단씩 읽고, 개인별로 한 문장씩 읽는다. 소극적인 친구는 친구들과 함께 읽으

성독하는 모습	'나의 가격은?'을 주제로 글쓰는 모습

면서 쑥스러움을 줄일 수 있다. 어색함을 점차 줄여나가면서 크게 읽다 보면 개인별로 읽을 때 자신감을 가질 수 있다. 읽으면서 어려운 낱말 3개를 국어사전에서 찾고 정리한다. 인상 깊은 구절을 확인한 후 이유를 정리한다.

[활동 2] 나의 가격은?

나는 아이들과 상담하기 전에 항상 이렇게 말한다. "이 세상에서 가장 소중한 사람은 누구일까? 바로 나 자신이야. 나는 이 세상에서 내가 제일 소중하고, 너는 이 세상에서 네가 제일 소중해야 해." 이렇게 말하고 상담을 시작한다. 활동 2를 하기 전에도 이와 같은 말을 다섯 번 정도 반복했다. 내가 왜 소중한지 고민해보고 글을 쓰는 것이 이 활동의 전부이다. 하지만 이 수업을 마치고 나면 학생들이 자신을 바라보는 눈이 많이 달라져 있다.

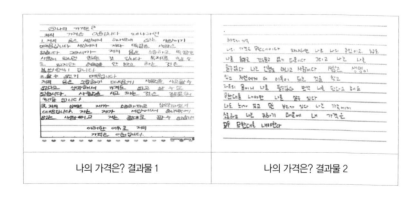

| 나의 가격은? 결과물 1 | 나의 가격은? 결과물 2 |

1:1 토론 알아보기

● 1:1 토론이란?

1:1 토론(짝 토론)이란 짝꿍과 찬성과 반대로 나눠 서로 마주 보고 토의토론하는 것으로, 학급 전체가 한꺼번에 참여할 수 있다. 시간이 오래 걸리지 않아, 찬성과 반대를 모두 경험하기 좋은 수업 방법이다. 하지만 짝꿍의 토론 실력이나 준비에 따라 토론의 질이 좌우되는 한계를 갖기도 한다.

● 1:1 토론 수업 방법

활동순서	찬성(시간)	반대(시간)
1	입안(1분)	
2		입안(1분)
3	교차질의(3분)	

● 1:1 토론 활동 사례

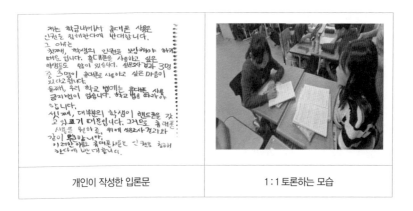

개인이 작성한 입론문	1:1 토론하는 모습

배움 주제	고물상의 두 번째 손님, 이진리	
준비물 및 자료, 예습적 과제	교사	학습지(PMI)
	학생	국어사전
핵심 성취기준	관심 있는 주제에 대해 자신의 의견이 드러나게 글을 쓴다. 읽기 경험과 느낌을 다른 사람과 나누는 태도를 지닌다.	
핵심역량	자기관리역량	
주제 개요 및 수업자 의도	이번 내용은 부족한 자존감으로 인해 남자 친구에게 지나치게 의존하는 이진리가 엄마의 공부 잔소리로 스트레스를 받는다는 것이다. 그래서 진리는 우리 반 1등인 김민희가 되고 싶어 한다. 진리는 김민희가 되고 싶어서 수상한 고물상을 찾아온다. 학생들은 비슷한 고민을 한다. 부모님의 공부 잔소리를 싫어하고, 왜 공부를 해야 하는지 잘 모르겠다고 말한다. 그래서 이번 차시에서는 내가 하는 공부에 대1장점, 단점, 그리고 공부에 대한 경험담을 알기 위해 PMI 토의토론으로 진행한다. 그리고 이를 공유하는 시간을 가져보고자 한다. PMI 토의토론을 하고 나서 공부에 대한 나의 생각과 이유를 알아본다. 그리고 돌아가며 말하기 토의토론으로 다른 친구들과 의견을 공유하는 방향으로 수업을 디자인하고자 한다.	

과정평가	수업의 흐름	자료 및 유의점	반성 및 성찰
	◎동기유발 -내가 사랑스러운가요?		
	〈배움 주제〉 참을 수 없는 연애의 가벼움 〈배움 순서〉 -성독하기 -공부는 왜 하지?		
	◎성독하기 -큰 소리로 읽기(반 전체, 모둠별, 개인 순서) -어려운 단어, 인상 깊은 구절 표시하여 읽기 -국어사전을 찾고, 인상 깊은 구절을 노트에 정리하기 -전체 발표하기	-어려운 단어 3개를 찾고, 이 세 단어를 활용하여 한 문장 만들기	-5분 넘어가면 묵독하기

| 자기관리 역량 | ◎공부는 왜 하지?
–공부를 하면 좋은 점, 나쁜 점, 공부와 관련된 자신의 경험 생각하기
–'내가 하는 공부'란 주제로 PMI 토의토론하기
–'내가 생각하는 공부'에 대해 자신의 생각 쓰기
–돌아가며 쓰기, 토의토론하기 | –학습지(PMI 토의토론)
–I(흥미로운 점)에는 학생들이 공부하면서 자신이 경험했던 다양한 경험담을 적도록 한다. | –오히려 I(흥미로운 점)에서 학생들이 더 많은 흥미와 즐거움을 갖는다. I 부분은 교사가 생각하는 다양한 주제를 넣고 싶을 때 적용하면 되는데, 이 부분은 좋은 것 같다. |

수업의 실제

[활동 1] 성독하기

학급 전체가 한 페이지를 같이 크게 읽고, 다음에는 개인별로 한 문장씩 읽는다. 보통은 학급 전체가 읽고 다음으로 모둠, 개인 순으로 읽는데, 이것이 어느 정도 적용되면 한 페이지 정도는 학급 전체가 읽고, 개인으로 넘어간다. 개인이 읽을 때 목소리가 작다면 교사가 바로

성독하는 모습

나의 가격은? PMI 토의토론 모습

바로 수정할 수 있도록 지도한다. 읽으면서 어려운 낱말 3개를 국어사전에서 찾고, 인상 깊은 구절을 확인한 후 이유를 정리한다.

[활동 2] 공부는 왜 하지?

학생들에게 공부는 숙명과도 같다. 학교 안에서도 공부하고, 학교가 끝나도 집에서 쉬지 못하고 다시 공부하러 학원에 가야 한다. 학생들은 공부로부터 자유롭고 싶지만 자유로울 수 없는 존재이며, 그만큼 공부에 대해 많은 압박을 받고 있는 것이 대한민국 학생들의 현실이다. 우리 반 학생들에게 공부에 대한 느낌을 물어보니 '하기 싫은 것', '엄마가 시킨 것', '내 꿈을 위해 필요한 것' 등 다양한 의견이 나왔다. 공부를 하면 무엇이 좋고 무엇이 좋지 않은지, 그리고 어떤 경험이 있는지 등 공부에 대한 다양한 이야기를 해본다.

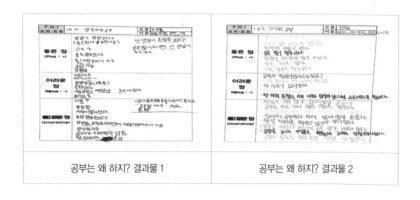

| 공부는 왜 하지? 결과물 1 | 공부는 왜 하지? 결과물 2 |

PMI 토의토론 알아보기

● PMI 토의토론이란?

PMI 토의토론은 어떤 문제에 대한 긍정적인 면(Plus)과 부정적인 면
(Minus)을 모두 생각해보고 흥미로운 대안(Interesting)을 찾아보는 '창의적
인 아이디어 기법' 중 하나이다. 토의토론 활동을 통해 장점과 단점을
검토하고, 보다 신중한 의사결정을 할 수 있도록 안내하는 것이 목적
이다. PMI 토의토론은 P단계에서는 장점을, M단계에서는 단점을, I
단계에서는 특이점이나 개선점을 정리한다.

● 활용 가능한 토의토론 주제

PMI 토의토론 방법을 사용하기 좋은 주제는 어떠한 사건이나 주제
에 대해 다양하게 바라보고 분석하는 주제다. 예를 들면 컴퓨터를 활
용한 여가생활, 시험, 서술형 평가, 상·벌점 제도 등을 이야기할 때
좋은 방법이 될 수 있다.

- 컴퓨터를 활용한 여가생활이 바람직한가?
- 시험을 꼭 보아야 하는가?
- 통일을 해야 하는가?
- 서술형 평가를 확대해야 하는가?
- 학급에 반드시 규칙이 있어야 하나?
- 상·벌점 제도는 필요한가?

● PMI 토의토론 순서

❶ 4~6명으로 모둠을 구성한다.

❷ 사회자가 PMI 활동을 위한 토론지를 모둠별로 1장씩 제공한다.

❸ 사회자(교사)가 도약과제를 공개한다.

❹ 토론 참가자는 제시된 주제에 대해 장점을 찾는다.

❺ 장점이 정리되면 이번에는 단점을 찾는다.

❻ 단점을 기초로 하여 개선할 점을 찾는다.

❼ 각 모둠의 토론 결과를 장점-단점-개선할 점 순서로 발표한다.

❽ 다른 모둠과 토론 결과에 대해 질의응답을 한다.

◎ 준비물: 개별 활동지, 모둠 활동지, 포스트잇(선택), 색깔 펜

배움 주제	이진리, 우리 반 1등 김민희가 되다.	
준비물 및 자료, 예습적 과제	교사	학습지(가치수직선)
	학생	국어사전
핵심 성취기준	의견을 제시하고 함께 조정하며 토의한다. 읽기 경험과 느낌을 다른 사람과 나누는 태도를 지닌다.	
핵심역량	의사소통 및 협업능력, 비판적 사고력	
주제 개요 및 수업자 의도	이번 내용은 이진리가 우리 반 1등 김민희가 되어 민희의 생활을 겪어보는 내용으로 구성되어 있다. 민희는 하루 종일 엄마의 잔소리(공부해라, 누구는 몇 등 했다더라)에 시달리고 쉬는 시간 없이 공부만 한다. 우리 반 학생들에게도 물어보니 엄마가 공부로 잔소리를 자주 한다고 생각하는 학생이 약 70% 이상이었다.(객관적인 설문지를 이용하지 않고, 그냥 편하게 '자주 한다'라고 생각하면 손을 드는 것으로 확인했다.) 그래서 공부를 하는 데 있어서 엄마의 관심이 어느 정도 필요한가에 대해 가치수직선 토의토론을 통해 알아보고자 한다. 가치수직선 토의토론은 두 판으로 이뤄지며, 첫 판을 하고 나서 바뀐 마음을 정리하고 다시 한번 토의토론을 하는 흐름으로 수업을 디자인한다.	

과정평가	수업의 흐름	자료 및 유의점	반성 및 성찰
	◎동기유발 -엄마가 자주 하는 잔소리?		
	〈배움 주제〉 이진리, 우리 반 1등 김민희가 되다. 〈배움 순서〉 -성독하기 -공부에 대한 엄마의 관심은 어느 정도까지?		
	◎성독하기 -소리 내어 읽기 -어려운 낱말이나 인상 깊은 구절 정리하기	-최대한 짧게 끝내기 -가치수직선 토론에 많은 시간 필요	-본 차시에서는 묵독 후 바로 단어 정리만 하고 넘어가도 괜찮을 것 같다.

의사소통 및 협업능력, 비판적 사고력	◎공부에 대한 엄마의 관심 정도에 대해 가치수직선 토의토론하기 -공부에 대한 엄마의 관심 정도를 표시하고, 입론문 쓰기 -모둠에서 가치수직선 토의토론하기 -토의토론 후 바뀐 생각에 대해 관심 정도를 표시하고 입론문 쓰기 -모둠에서 2번째 가치수직선 토의토론하기 -쓴 내용을 바탕으로 2:2 토론하기	-학습지(가치수직선) -자신의 생각과 비슷한 모둠원을 정해서 2:2 토론을 한다. (크게 찬성과 반대로 나눈다)	-마지막에 생각이 바뀐 학생의 의견을 들어보면 좋다. 누구의 토론이 설득력이 있어서 생각이 변하게 되었다는 등 자연스러운 과정평가로 연계될 수 있다. 토론에 열심히 참여하는 학생의 학습동기를 고취시킬 수 있다.

수업의 실제

[활동 1] 성독하기

학급 전체가 한 페이지를 같이 크게 읽는다. 모둠별로 한 문단씩 읽고 나서 다시 개인별로 한 문장씩 읽는다. 읽으면서 어려운 낱말 3개를 국어사전에서 찾고 정리한다. 인상 깊은 구절을 확인한 후 이유를 정리한다.

[활동 2] 가치수직선 토론하기

먼저 공부에 대한 관심 정도에 대해 자신의 생각을 정하고, 1차 가치수직선 토론 입론문을 작성한다. 그리고 모둠원들과 1차 가치수직

| 1차 가치수직선 토론하기 | 2차 가치수직선 토론하기 |

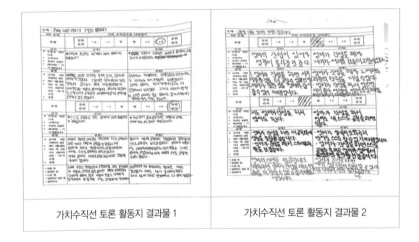

| 가치수직선 토론 활동지 결과물 1 | 가치수직선 토론 활동지 결과물 2 |

선 토론을 한다. 1차 가치수직선 이후 생각이 바뀌었다면 바뀐 생각에 따라 입론문을 재작성하고 2차 가치수직선 토론을 한다. 토론 후 배움 성찰(수업 후 느낀 점, 알게 된 점, 바뀐 점 등)하며 수업을 마무리한다.

2 : 2 토론 알아보기

● 2 : 2 토론이란?

보통 모둠을 만들 때 학생들을 네 명으로 구성한다. 4인 모둠에서는 두 명씩 찬성과 반대로 나누어 토론이 가능하기 때문에, 특별한 자리 배치 없이 토의토론에 참여할 수 있다. 2:2 토론은 1:1 토론과 비슷하지만, 조금 더 깊이 있는 토의토론이 이루어질 수 있다. 1:1 토론은 짝꿍의 수준에 따라 토론의 수준이 많이 좌우되지만, 2:2 토론은 이러한 한계를 조금이나마 극복할 수 있다.

● 2 : 2 토의토론 수업 방법

활동순서	찬성(시간)		반대(시간)	
	1토론자	2토론자	1토론자	2토론자
1	입안(1분)			
2			입안(1분)	
3	전원 교차질의(3분)			
4		입안 또는 반박(1분)		
5				입안 또는 반박(1분)
6	교차질의(3분)			

2:2 토론하는 모습	'친구가 따돌림 당할 때 방관한다.'라는 논제로 반대 입장의 글을 쓴 학생

배움 주제	불면증에 시달리는 가엾은 김민희	
준비물 및 자료, 예습적 과제	교사	학습지(윈도우패닝)
	학생	국어사전
핵심 성취기준	체험한 일에 대한 감상이 드러나게 글을 쓴다. 상대가 처한 상황을 이해하고 공감하며 듣는 태도를 지닌다.	
핵심역량	의사소통 및 협업능력, 비판적 사고력	
주제 개요 및 수업자 의도	이번 내용은 김민희의 고통이 절정에 달한다. 학원에서는 성적 등수가 적혀 있는 책상에 앉아야 하고, 힘겹게 집에 갔는데 엄마가 잔소리 종합세트를 한다. 어디에도 기댈 곳이 없는 민희는 스트레스로 불면증이 심해진다. 전 차시에 알아봤듯이 공부에 대해 엄마가 자주 잔소리를 한다는 학생이 반에서 70% 이상이었다. 과연 엄마는 무슨 잔소리를 자주 할까? 엄마는 평소에 자신이 하는 잔소리를 알고 있을까? 많은 생각이 들었다. 그래서 엄마의 잔소리 종합세트를 윈도우패닝에 정리하고자 한다. 이것을 친구들과 나누고 말하면서 현재 자신의 상태를 파악한다. 그리고 학생들의 동의를 받아 평소 학부모님과 수업을 공유하고 있는 밴드 방에 이 결과물을 올려서 학부모님과 학생이 소통할 수 있는 기회를 제공한다.	

과정평가	수업의 흐름	자료 및 유의점	반성 및 성찰
	◎동기유발 -엄마가 자주 하는 잔소리?		
	〈배움 주제〉 불면증에 시달리는 가엾은 김민희 〈배움 순서〉 -성독하기 -엄마의 잔소리 종합세트		
	◎성독하기 -큰 소리로 읽기(반 전체, 모둠별, 개인 순서) -어려운 단어, 인상 깊은 구절 표시하여 읽기 -국어사전을 찾고, 인상 깊은 구절을 노트에 정리하기 -전체 발표하기	-어려운 단어 3개를 찾고, 이 세 단어를 활용하여 한 문장 만들기	-5분 넘어가면 묵독하기

의사소통 및 협업능력, 비판적 사고력	◎엄마의 잔소리 종합세트 –엄마의 잔소리 9가지 정하기 –윈도우패닝 정리하기 –돌아가며 말하기 토의토론하기 –전체 발표하기 –배움 성찰하기	–학습지(윈도우패닝) –비주얼씽킹 활용하기	–활동을 하면서 엄마에 대한 감정의 골이 깊어질 수 있기에 꼭 수업 마지막에는 엄마가 나를 사랑하시기에 잔소리를 한다는 말로 마무리하자.

수업의 실제

[활동 1] 성독하기

학급 전체가 한 페이지를 같이 크게 읽는다. 모둠별로 한 문단씩 읽고, 개인별로 한 문장씩 읽는다. 소극적인 친구는 친구들과 함께 읽으면서 쑥스러움을 줄일 수 있다. 읽으면서 어려운 낱말 3개를 국어사전에서 찾고 정리한다. 인상 깊은 구절을 확인한 후 이유를 정리한다.

성독하는 모습

윈도우패닝 정리하는 모습

[활동 2] 엄마의 잔소리 종합세트

엄마의 잔소리(아빠의 잔소리도 된다) 9가지를 생각한다. 그리고 윈도우
패닝으로 정리한다. 여기에서 중요한 점은 비주얼씽킹을 활용하여 가
독성이 높도록 표현하는 것이다. 완성된 결과물은 모둠에서 돌아가며
말하기 토의토론을 통해 자신의 어려운 점을 공감하고, 친구들이 위
로해줄 수 있도록 한다. 또한 교사는 궤간순회를 하면서 학생들 중에
서 토의토론 중 힘들어하는 학생이 있다면 추후 상담한다. 이 활동을
하면 학생들이 무척 즐거워하며 억울함을 성토하는 모습들을 볼 수
있다. 이것만으로도 학생들에게 스트레스를 푸는 좋은 기회가 되지
않았을까?

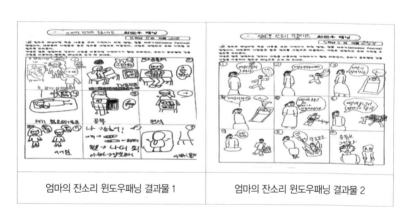

| 엄마의 잔소리 윈도우패닝 결과물 1 | 엄마의 잔소리 윈도우패닝 결과물 2 |

배움 주제	공짜 인생은 없다.		
준비물 및 자료, 예습적 과제	교사	학습지(만다라트)	
	학생	국어사전	
핵심 성취기준	목적이나 주제에 따라 알맞은 내용과 매체를 선정하여 글을 쓴다. 상대가 처한 상황을 이해하고 공감하며 듣는 태도를 지닌다.		
핵심역량	자기관리역량		
주제 개요 및 수업자 의도	진리는 민희가 되어 민희의 남다른 아픔을 체험하고 있다. 잠도 못 자고 학교와 학원에 계속 가야 한다. 공부에 대한 스트레스를 달고 살며, 늘 경쟁에 시달리며 스트레스를 받고 살아야 한다는 불안감이 극에 달한다. 진리는 민희가 되어 사는 도중에 민희와 친한 예소를 만나 이것저것 이야기했다. 예소는 이렇게 말한다. "세상은 게임이고 우리는 게임 캐릭터야. 어떤 캐릭터는 아이템이 많아서 유리한 상태에서 게임을 하는 거야." 진리는 세상이 게임이라면 민희는 공부라는 트랙에서 1등을, 자신은 다른 분야에서 1등을 하는 것을 꿈꾸며 새로운 도약을 원한다. 이처럼 결국 학생들도 진리처럼 자신의 밝은 미래와 행복을 위해 공부한다. 하지만 행복하려면 꼭 공부만 할 필요는 없는데도, 우리는 목적 없이 그냥 공부만을 외쳤던 것은 아닐까? 그래서 우리 아이들의 밝은 미래를 위해서는 어떤 아이템이 필요한지 만다라트로 표현한다. 그리고 이 결과물을 돌아가며 말하기 토의토론으로 수업을 진행하고자 한다.		
과정평가	수업의 흐름	자료 및 유의점	반성 및 성찰
	◎동기유발 –여러분의 꿈은 무엇인가요?		
	〈배움 주제〉 공짜 인생은 없다. 〈배움 순서〉 –성독하기 –나의 아이템 발견하기		

	◎성독하기 -큰 소리로 읽기(반 전체, 모둠별, 개인 순서) -어려운 단어, 인상 깊은 구절 표시하여 읽기 -국어사전을 찾고, 인상 깊은 구절을 노트에 정리하기 -전체 발표하기	-어려운 단어 3개를 찾고, 이 세 단어를 활용하여 한 문장 만들기	-5분 넘어가면 묵독하기
자기관리 역량	◎나의 아이템 발견하기 -자신의 밝은 미래를 위해 필요한 아이템에 대해 생각하기 -만다라트로 표현하기 -결과물에 대해 돌아가며 말하기 토의토론하기 -전체 발표하기	-만다라트로 작성할 때 소주제는 교사와 함께	

수업의 실제

[활동 1] 성독하기

학급 전체가 한 페이지를 같이 크게 읽는다. 그리고 개인별로 한 문

성독하는 모습

만다라트 작성하는 모습

장씩 읽는다. 읽으면서 어려운 낱말 3개를 국어사전에서 찾아 정리하고, 정리한 어려운 낱말 3개를 이용하여 한 문장을 만든다. 인상 깊은 구절을 확인한 후 이유를 정리한다.

[활동 2] 나의 아이템 발견하기

사실 수업자는 수업 시간에 학생들이 더 많은 대화와 상호작용을 하길 원한다. 그래서 만다라트를 작성할 때 모둠원들과 함께 만다라트 토의토론으로 꿈을 이루기 위해서는 어떤 것들이 필요한지 알아보는 수업으로 진행할까 고민했다. 하지만 학생들의 꿈과 재능은 각기 다른데 4명의 모둠원이 꿈과 자신의 아이템을 늘려가는 것, 이것을 하나의 결과물로 나타내기는 어렵다고 보았다. 그래서 개인별로 만다라트를 작성하고 이 결과물을 모둠원 친구들과 이야기를 나누는 흐름으로 수업을 진행한다.

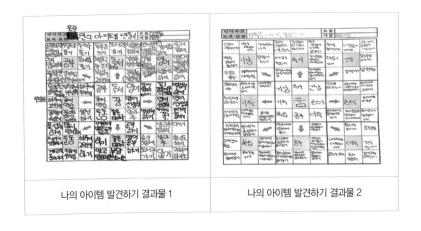

| 나의 아이템 발견하기 결과물 1 | 나의 아이템 발견하기 결과물 2 |

만다라트 토의토론 알아보기

● 만다라트 토의토론이란?

만다라트는 브레인라이팅을 활용한 일종의 마인드맵이다. 그러나 마인드맵처럼 아이디어를 계속 늘리지 않고 9칸으로 한정하고 있으므로, 토론을 통한 아이디어 정리와 절제가 필요하다. 만다라트를 활용하면 대주제에 따라 하위 주제 8개, 세부 아이디어 64개를 얻을 수 있다. 모둠원끼리 협동하며 만다라트를 활용하여 다양한 아이디어를 만들고 분류하는 활동을 할 수 있다.

● 활용 가능한 토의토론 주제

만다라트 토의토론 방법을 사용하기 좋을 때는 도약과제와 관련된 다양한 사건이나 아이디어가 많은 경우이다. 예를 들면, '내가 꿈을 이루기 위한 조건'이나 '근대 문물 수용으로 인한 변화된 생활 모습 알아보기' 등이다.

● 만다라트 토의토론 순서

❶ 모둠에서 만다라트 토의토론 활동지를 미리 준비하고 중앙에 대주제를 정해 써 넣는다.

❷ 중앙의 대주제 주변의 빈칸 8개에 관련 소주제를 적는다.

❸ 소주제를 나머지 8개의 네모 칸 중앙에 하나씩 써 넣는다.

❹ 각각의 소주제에 대한 아이디어를 빈칸에 써 넣고 아이디어를

확장시킨다.

❺ 정리한 결과를 전체 발표한다.

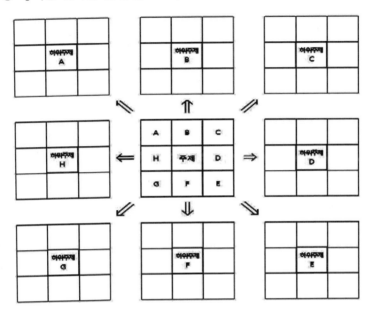

배움 주제	고물상의 세 번째 손님, 김민희	
준비물 및 자료, 예습적 과제	교사	학습지(위시리스트), A4용지
	학생	국어사전
핵심 성취기준	의견을 제시하고 함께 조정하며 토의한다. 매체 자료를 활용하여 내용을 효과적으로 발표한다.	
핵심역량	의사소통 및 협업능력	
주제 개요 및 수업자 의도	4학년 이상부터 친구들이 어떻게 나를 볼지 고민하고 신경을 쓰는 친구들이 많아진다. 선생님과의 개인적인 관계보다는 친구들과의 관계가 점점 더 영향력이 커지고, 그 안에서 많은 고민이 생긴다. 특히 고학년이 되면 학생들은 살에 대해 민감해진다. 그래서 급식 지도를 하다 보면 더 많이 먹고 싶어도 다른 친구들이 많이 먹는다고 놀릴까 봐 일부러 조금만 먹는 친구들이 있다. 김민희는 공부는 잘하지만 살찌는 것에 대한 컴플렉스가 있다. 학교 카페에 올라온 퀴즈에서 친구들이 살을 가지고 놀려서 상처를 크게 받고, 그 이후로 1년 동안 학교 카페에 들어가지 않았다. 과연 이런 이유로 민희가 상처받은 것이 정당한 것일까? 그래서 당시 민희의 입장이 되어 '친구들에게 바라는 점'이라는 주제로 위시리스트 토의토론으로 수업을 진행하고자 한다.	

과정평가	수업의 흐름	자료 및 유의점	반성 및 성찰
	◎동기유발 -살 때문에 스트레스를 받았던 경험이 있나요?		
	〈배움 주제〉 고물상의 세 번째 손님, 김민희 〈배움 순서〉 -성독하기 -위시리스트 토의토론하기		
	◎성독하기 -소리 내어 읽기 -어려운 낱말 정리하기 -인상 깊은 구절 정리하기	-처음에는 반 전체, 다음은 모둠별, 다음은 개인별로 읽기 (5분을 넘기지 않는 것이 좋다.)	

| 의사소통 및 협업능력 | ◎위시리스트 토의토론하기
-민희가 친구들에게 바라는 것이 무엇인지 생각하고 브레인스토밍 토의토론하기
-친구들에게 바라는 점 중에서 '반드시 들어줄 것', '들어줄 수도 있고 안 들어줄 수도 있는 것', '절대 안 들어줄 것'에 대해 위시리스트 토의토론하기
-전체 발표하기 | -먼저 민희가 친구들에게 바라는 점이 어떤 것들이 있을지 구체적으로 적을 수 있도록 한다.
-브레인스토밍 토의토론 5분
-위시리스트 토의토론 10분 | -전체 발표할 때 분류하고 왜 그렇게 분류했는지 이유도 설명할 수 있도록 안내한다.
-브레인스토밍 토의토론하고 반드시 들어줄 것은 ○, 들어줄 수도 있고 안 들어줄 수도 있는 것 △, 절대 안 들어줄 것은 X 표시를 한다. |

수업의 실제

[활동 1] 성독하기

학급 전체가 한 페이지를 같이 크게 읽는다. 그리고 개인별로 한 문장씩 읽는다. 읽으면서 어려운 낱말 3개를 국어사전에서 찾고 정리한

성독하는 모습	위시리스트 토의토론 모습

다. 정리한 어려운 낱말 3개를 이용하여 한 문장을 만든다. 인상 깊은 구절을 확인한 후 이유를 정리한다.

[활동 2] **위시리스트 토의토론하기**

민희는 살이 쪘다고 친구들이 놀려서 상처를 받았다. 그래서 민희는 이제 안 놀리면 좋겠다, 친구들과 다시 친해지고 싶다, 등 바라는 점이 굉장히 많다. 모둠원들은 민희가 친구들에게 원하는 점이 무엇일지 생각하고 브레인스토밍 토의토론으로 적는다. 그리고 적은 결과물을 활용하여 위시리스트 토의토론으로 반드시 들어줄 것(○표시), 들어줄 수도 있고 안 들어줄 수도 있는 것(△표시), 절대 안 들어줄 것(×표시)으로 분류한 후 정리한다. 이 결과물을 바탕으로 민희가 친구들에게 꼭 주장하고 관철시켜야 하는 것들에 대해 이야기해보고, 우리의 학급 문화까지 같이 이야기한다.

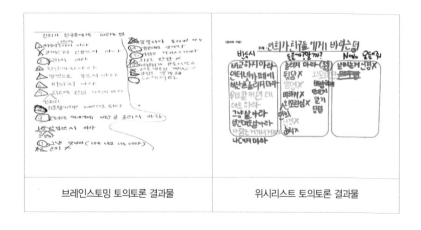

브레인스토밍 토의토론 결과물	위시리스트 토의토론 결과물

위시리스트 토의토론 알아보기

● 위시리스트 토의토론이란?

　강원토론교육연구회에서 만든 자료를 참고한 토의토론 방법으로, 위시리스트(wish list) 토의토론은 희망목록을 작성한 후 일정한 형식에 따라 분류하는 토의토론 방법이다. 원래는 심리진단기법 중 하나인 '항아리 진단기법'에서 비롯되었을 것으로 추정하는 토의토론 방법이다. 희망목록을 결정할 때부터 토의토론이 시작되며 희망목록은 6가지, 9가지, 12가지 등 3의 배수로 결정한다. 그래야 세 가지 영역에 규칙적으로 분류할 수 있기 때문이다.

　위시리스트 토의토론에서는 희망목록을 ①매우 중요한 것 ②중요한 것 ③덜 중요한 것, 또는 ①반드시 들어줄 것 ②들어줄 수도 있고 안 들어줄 수도 있는 것 ③절대 들어주지 않을 것 등의 세 가지로 구분한다. 그러나 이것은 하나의 기준일 뿐이고 교사가 재구성하여 수업 의도에 맞게 희망목록을 사용할 수 있다. 결과보다는 분류한 이유와 고민의 흔적이 중요하다. 위시리스트는 마음을 알아보는 토의토론이기 때문이다.

● 위시리스트 토의토론 순서

❶ 4~6명으로 모둠을 구성한다.

❷ 사회자(교사)가 도약과제를 공개한다.

❸ 모둠에서 도약과제의 다양한 희망목록을 브레인스토밍한다. 단

해결책이나 희망목록은 3가지, 6가지, 9가지 등 3의 배수로 결정한다.

❹ 모둠에서 위시리스트 학습지에 3기준(매우 중요한 것, 중요한 것, 덜 중요한 것)을 정하여 항목을 나누고 항목에 따라 내용을 추가한다(교사가 기준을 재구성하여 수정할 수 있다).

❺ 모둠별로 공유 및 발표한다.

❻ 다른 모둠과 토론 결과에 대해 질의응답을 한다.

◎ 준비물: 학습지(위시리스트 토의토론)

● 활용 가능한 토의토론 주제

위시리스트 토의토론은 말 그대로 바라거나 원하는 점과 관련된 주제에 활용할 수 있다. 그래서 국어, 도덕, 실과, 사회 등 다양한 교과에서 사용할 수 있다.

– 부모님께 바라는 점

– 학교에 바라는 점

– 선생님께 바라는 점

– 우리나라가 강대국이 되려면?

● 위시리스트 토의토론 활동 사례

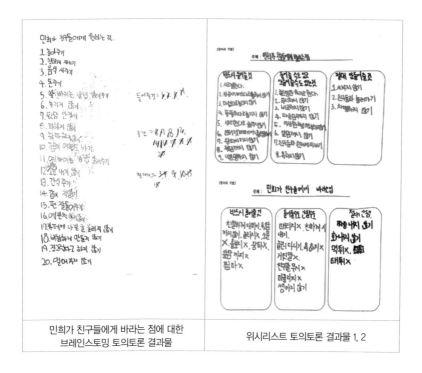

| 민희가 친구들에게 바라는 점에 대한 브레인스토밍 토의토론 결과물 | 위시리스트 토의토론 결과물 1, 2 |

Tip

위시리스트 토의토론은 다양한 교과에 사용될 수 있는 방법이다. 특히 슬로리딩에서는 인물 간의 관계에서 바라는 점, 원하는 점을 알아보는 과정에서 사용될 수 있다. 이는 인물 간의 관계와 현재 상태를 파악하는 데 굉장한 도움을 준다. 그리고 학생들은 그 인물을 내면화하면서 작품을 깊이 있게 이해할 수 있다.

배움 주제	김민희, 연예인 연습생 성아름이 되다.		
준비물 및 자료, 예습적 과제	교사	마이크	
	학생	국어사전	
핵심 성취기준	절차와 규칙을 지키고 근거를 제시하며 토론한다. 자료를 정리하여 말할 내용을 체계적으로 구성한다.		
핵심역량	의사소통 및 협업능력, 비판적 사고력		
주제 개요 및 수업자 의도	민희는 연예인 연습생 아름이가 되었다. 아름이는 연예인이 되고 싶다. 교육부 · 한국직업능력개발원에서 주관한 2018년 초 · 중등 진로교육현황조사에서 초등학생이 원하는 희망 직업 8위가 가수였다. 많은 학생들이 영상매체의 노출로 인하여 연예인이 되려고 한다. 이러한 현상에 대해 각자 생각하는 것이 다를 것이다. 그래서 이러한 문제에 대한 다양한 입장을 알아보고, 많은 사람이 직접적으로 참여하여 토론할 수 있도록 사모아 토론 방법을 활용하여 수업을 디자인하고자 한다.		
과정평가	수업의 흐름	자료 및 유의점	반성 및 성찰
	◎동기유발 −좋아하는 연예인은? 그 이유는?		
	〈배움 주제〉 김민희, 연예인 연습생 성아름이 되다. 〈배움 순서〉 −성독하기 −사모아 토론하기		
	◎성독하기 −큰 소리로 읽기(반 전체, 개인순서) −어려운 단어, 인상 깊은 구절 표시하여 읽기 −국어사전을 찾고, 인상 깊은 구절을 노트에 정리하기 −전체 발표하기	−어려운 단어 3개를 찾고, 이 세 단어를 활용하여 한 문장 만들기	−5분 넘어가면 묵독하기

| 의사소통 및
협업능력,
비판적 사고력 | ◎사모아 토론하기
-사모아 토론 전 자신의 생각 정리하기(청소년들의 연예인이 되려고 하는 현상에 대한 의견 정리하기)
-사모아 토론 준비하기(2개의 원 만들기, 의견 분류하기, 비슷한 의견을 가진 학생들끼리 자리 앉기)
-연예인을 동경하고 되려는 현상에 대해 사모아 토론하기
-배움 성찰 전체 발표하기 | -마이크
-의견 발표할 때는 마이크를 사용한다.
-토론자가 2번 이상 발언해야 청중과 자리 교체가 가능하다. | |

수업의 실제

[활동 1] 성독하기

학급 전체가 한 페이지를 같이 크게 읽는다. 그리고 개인별로 한 문장씩 읽는다. 읽으면서 어려운 낱말 3개를 국어사전에서 찾고 정리한다. 정리한 어려운 낱말 3개를 이용하여 한 문장을 만든다. 인상 깊은

	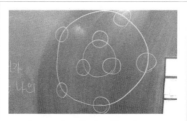
성독하는 모습	사모아 토론 설명 판서

구절을 확인한 후 이유를 정리한다.

[활동 2] 사모아 토론하기

이 차시를 구성할 때 고민이 많았다. 사모아 토론은 처음 도전해보는 방법이기 때문이다. 사모아 토론을 처음 한다면 거꾸로교실(디딤영상)을 활용하면 좋다. 또는 창체시간을 활용하여 사모아 토론을 배우는 시간으로 먼저 적용해보면 좋을 것 같다.

본 차시에서는 사모아 토론을 하기 전 간단하게 자신의 생각을 노트에 정리한 후, 두 모둠(8명)의 학생이 하나의 사모아 토론 모둠을 만들어 진행한다. 학생들이 의견을 말하고, 자신이 참여하고 싶을 때 언제든지 어깨를 두드리고 참여할 수 있다는 점에서 많은 학생들이 활발하게 참여할 수 있다.

사모아 토론 모습 1

사모아 토론 모습 2

사모아 토론 알아보기

● 사모아 토론이란?

사모아 토론(Samoan circle)은 남태평양의 부족민이 의사결정을 할 때 사용한 토론 방법이다. 어느 부족인지 알려지지 않아 임의로 '사모아 토론'이라 불렀는데, 그만 그 이름으로 굳어졌다. 사모아 토론은 어항식 토론과 비슷하지만, 보다 적극적인 개입이 가능하다. 토론자와 청중이 완전히 분리된 것이 아닌, 언제든지 청중이 토론자가 될 수 있는 토론 방식이다.

사회자는 없고, 모두 동등한 자격으로 참여한다. 의자 4개로 중앙에 원을 만들어 4명의 토론자가 참여한다. 바깥 원에 있는 청중들은 아무 말도 해서는 안 된다. 다만 자신이 대신 참여하고 싶으면 조용히 그 토론자 뒤에 서서 어깨를 살짝 두드린다. 그러면 그 토론자는 자리를 비워줘야 하고, 자신이 그 자리에 앉아서 참여한다. 즉, 모든 청중이 원하기만 하면 토의토론에 참여할 수 있으며, 토의토론을 처음 접하는 사람들이 토론 방식을 자연스럽게 익히는 데 효과적이다.

교실에서는 쉽게 변형하여 적용이 가능하다. 학생 수가 적은 학급은 모둠 구성을 적게 하고, 학생 수가 많은 경우에는 여러 개의 모둠을 만들면 된다. 학급 전체에서 여러 모둠이 동시에 사모아 토론을 하는 것도 가능하다.

● 활용 가능한 토의토론 주제

사모아 토론은 찬반으로 나뉘는 토론 논제도 가능하지만 다양한 의견이 나올 수 있는 토론 논제면 더 활발한 토론이 가능하다.

−청소년의 행복 조건은?

−인생에서 가장 소중한 것은?

−학교 숙제는 필요하다.

−청소년의 이성교제에 대한 생각은?

● 사모아 토론 순서

❶ 모둠을 8명(중앙 원에 4명, 바깥 원에 4명)으로 구성한다(학급 특성에 맞춰 변형해도 된다).

❷ 사회자(교사)가 도약과제(토론 주제)를 공개한다.

❸ 안쪽 원에 앉아 있는 4명의 학생은 도약과제에 대해 자유 토론을 한다.

❹ 바깥쪽에 앉은 청중 4명은 토론을 듣다가 참여하고 싶으면 뒤에 서서 어깨를 두드린 후 토론에 참여한다.

❺ 입장이 어느 정도 정리될 때까지 토론을 진행한다(시간을 정해두어야 활발한 토론이 가능하다).

❻ 제시된 의견들을 교사가 정리한다.

● 사모아 토론 활동 사례

[그림 2-8-8] 사모아 토의·토론

『토의토론 수업방법 84』(정문성, 2017)

사모아 토론 활동 모습

사모아 토론 활동 모습

배움 주제	몸무게가 마르고 닳도록, 42kg 성아름	
준비물 및 자료, 예습적 과제	교사	생각카드
	학생	국어사전
핵심 성취기준	매체 자료를 활용하여 내용을 효과적으로 발표한다. 의견을 제시하고 함께 조정하며 토의한다.	
핵심역량	의사소통 및 협업능력	
주제 개요 및 수업자 의도	연예인 연습생 성아름은 42kg이라는 몸무게를 유지하기 위해 강력한 식단 조절, 운동, 노래 연습 등을 하며 쉬지 않고 다이어트를 한다. 거기에 음식을 먹으면 토하는 거식증 전조 증상까지 보인다. 이렇게까지 몸이 망가지며 연습생 생활을 하는 아름이를 보며 우리 반 학생들은 무슨 생각을 하고 아름이에게 어떤 말을 해줄 수 있을까. 전 시간에 사모아 토론을 통해 연예인이 되고자 하는 현상에 대해 심층적으로 이야기했다. 학생들은 이제 어느 정도 자신만의 생각이 있을 것이다. 따라서 포토스탠딩 토의토론으로 아름이에게 해주고 싶은 말, 모둠에서 해주고 싶은 말을 함께 이야기하는 흐름으로 수업을 디자인한다.	

과정평가	수업의 흐름	자료 및 유의점	반성 및 성찰
	◎동기유발 -연예인이 되고 싶다고 생각한 적이 있나요? 그 이유는?		
	〈배움 주제〉 몸무게가 마르고 닳도록, 42kg 성아름 〈배움 순서〉 -성독하기 -포토스탠딩 토의토론하기		
	◎성독하기 -큰 소리로 읽기(반 전체, 개인 순서) -어려운 단어, 인상 깊은 구절 표시하며 읽기 -국어사전을 찾고, 인상 깊은 구절을 노트에 정리하기 -전체 발표하기	-어려운 단어 3개를 찾고, 이 세 단어를 활용하여 한 문장 만들기	-5분 넘어가면 묵독하기

의사소통 및 협업능력	◎포토스탠딩 토의토론하기 －아름이를 보며 말해주고 싶은 감정 및 생각과 관련된 생각카드 2개 고르기 －돌아가며 말하기 토의토론하기 －모둠에서 4장의 카드를 선택해서 아름이에게 하고 싶은 말 정리하기 －전체 발표하기	－생각카드 －전체 발표 시 아이들이 각각 1장씩 카드를 들고 있도록 하며, 자신이 맡은 부분은 자신이 말할 수 있도록 한다.	－전체 발표할 때 나는 무엇이다. 무엇이다. 이렇게 끊어서 이야기하는 것이 아니라 모둠에서 전체 한 문장으로 발표하되, 내가 포함된 부분만 이야기할 수 있게 안내한다.

수업의 실제

[활동 1] 성독하기

학급 전체가 한 페이지를 같이 크게 읽고, 다음에는 개인별로 한 문장씩 읽는다. 보통은 학급 전체가 읽고 다음으로 모둠, 개인 순으로 읽는데, 이것이 어느 정도 적용되면 한 페이지 정도는 학급 전체가 읽

성독하는 모습	포토스탠딩 토의토론에 활용했던 생각카드

고, 개인으로 넘어간다. 개인이 읽을 때 목소리가 작다면 교사가 바로바로 수정할 수 있도록 지도한다. 읽으면서 어려운 낱말 3개를 국어사전에서 찾고, 인상 깊은 구절을 확인한 후 이유를 정리한다.

[활동 2] 포토스탠딩 토의토론하기

아름이를 보며 말하주고 싶은 감정 및 생각과 관련된 생각카드를 개인별로 2장씩 선택한다. 그리고 2장의 카드를 활용하여 아름이에게 해주고 싶은 말을 모둠원들에게 말한다. 이때 듣고 있는 모둠원들은 지금 말하고 있는 학생에게 꼭 질문을 1개씩 할 수 있도록 한다. 이렇게 개인별로 돌아가며 말하기 토의토론을 한 후, 모둠에서 아름이에게 하고 싶은 말을 정한다. 그리고 각자 고른 2장의 개인 생각카드 중 하나를 선택하고, 이 선택한 카드를 활용하여 전체 발표한다.

| 포토스탠딩 토의토론 모습 | 전체 발표 모습 |

포토스탠딩 토의토론 알아보기

● 포토스탠딩 토의토론이란?

   포토스탠딩 토의토론은 다른 토의토론 방법과 달리 공감능력을 이끌어내는 것에 초점이 맞춰져 있다. 따라서 토론에 대한 공포감이 밀려들 때 부담감을 줄일 수 있고, 감수성을 함양하고 생각을 정리할 수 있는 방법으로 활용하기 좋은 토론 방법이다.

   사진 혹은 이미지를 보고 느낀 점을 창의적이고 심층적으로 주제와 연결하여 효과적으로 표현할 수 있다. 포토스탠딩 토의토론은 주로 잡지 등을 이용한 이미지를 이용하지만, 협동학습 연구회에서 개발한 생각카드를 활용할 수도 있다.

● 포토스탠딩 토의토론 순서

   ❶ 4~6명으로 모둠을 구성한다.

   ❷ 사회자(교사)가 도약과제를 공개한다.

   ❸ 모둠을 구성한 전체 학생은 토론 주제와 관련해 마음에 드는 사진을 1장씩 고른다.

   ❹ 모둠 번호 순서대로 주제와 사진을 연결하여 자신의 생각을 말한다.

   ❺ 모둠별로 친구들의 사진을 연결하여 주제와 관련된 이야기를 만든다.

   ❻ 모둠별로 발표한다.

❼ 다른 모둠과 토론 결과에 대해 질의응답을 한다.

◎ 준비물: 다양한 사진, 생각카드(협동학습 연구회 인터넷 검색)

※ 사진은 잡지나 인터넷을 활용하여 찾아 사용할 수 있다. 생각카드는 인터넷에 협동

학습 연구회를 검색하면 홈페이지에서 구입할 수 있다.

※ 교실 상황에 따라 사진을 2~3장 고른 후 자신의 생각을 이야기한다.

● 활용 가능한 토의토론 주제

포토스탠딩 토의토론은 한 가지 개념이나 사건에 대해 분석할 때
좋은 방법이다. 예를 들어 가족, 꿈, 행복 등 학생들의 가치관에 대해
분석하거나 학생의 교우 상담, 진로 상담 시에도 좋은 방법이다.

• 꿈이란 무엇일까? • 성실이란 무엇일까? • 행복은 무엇일까? • 성공은 무엇일까? • 내가 원하는 미래는?	
포토스탠딩 토의토론 예시 주제	친구의 사진을 연결하여 발표하는 모습

배움 주제	고물상의 네 번째 손님, 성아름	
준비물 및 자료, 예습적 과제	교사	작품 전시대, 백상지(A4)
	학생	국어사전
핵심 성취기준	절차와 규칙을 지키고 근거를 제시하며 토론한다. 의견을 제시하고 함께 조정하며 토의한다.	
핵심역량	의사소통 및 협업능력	
주제 개요 및 수업자 의도	희진이와 아름이는 어렸을 때부터 친한 사이였다. 희진이는 다른 친구들의 험담을 자주 하지만 아름이는 그것도 친한 관계라 가능한 일이라며 위안을 삼는다. 그런데 어느 순간부터 희진이와 아름이의 관계가 안 좋아지고, 희진이는 친구들과 함께 아름이의 흉을 보기 시작한다. 나는 고학년 학생들의 담임을 주로 맡으면서 여학생들 사이에서 희진이와 아름이 같은 사례를 많이 보고 상담도 했다. 이럴 때마다 당사자들은 너무 힘들어했다. 남학생들은 보통 크게 싸우고 금방 화해한다. 반면 여학생들은 잘 드러나지는 않지만, 미묘하게 상대방의 신경을 긁는 식으로 싸움이 진행되었다. 그래서 눈에는 잘 띄지 않지만, 그만큼 해결도 어려웠다. 이렇게 미묘한 희진이와 아름이의 관계에 대해서 학생들의 입장이나 의견도 굉장히 다양하게 나올 것이라 생각했다. 하지만 이것은 의견이 다른 것이지 틀린 것이 아니다. 그래서 비경쟁 토론을 하면 좋겠다고 생각했고, 에르디아 토론을 활용하여 수업을 진행하고자 한다.	

과정평가	수업의 흐름	자료 및 유의점	반성 및 성찰
	◎동기유발 -친한 친구랑 싸웠던 경험이 있나요?		
	〈배움 주제〉 고물상의 네 번째 손님, 성아름 〈배움 순서〉 -성독하기 -에르디아 토론하기		
	◎성독하기 -학급 전체 읽기 -개인별 읽기 -어려운 단어 찾고 정리하기 -인상 깊은 구절 찾고 이유 적기	-국어사전 -뒤에 에르디아 토론에서 시간이 오래 걸리기 때문에 성독하기 부분은 빠르게 진행하기	

의사소통 및 협업능력	◎에르디아 토론하기 –모둠 나누기(6인 1모둠) –모둠별 질문 정하기 –모둠별 토론하기 –다른 주제로 이동하여 자유롭게 토론하기 –결과 발표하기 –배움 성찰하기	–토론은 1타임당 5분으로 한다. –백상지 –모둠별로 토론지기를 한 명 정해서 꾸준하게 기록하고 토론을 이끌 수 있도록 한다.	–토론 후 간단하게 나온 결과를 적어서 공유할 수 있도록 한다.

수업의 실제

[활동 1] 성독하기

학급 전체가 한 페이지를 같이 크게 읽고 개인별로 한 문장씩 읽는다. 보통은 학급 전체가 읽고 다음은 모둠, 개인 순으로 읽는다. 개인이 읽으면서 목소리가 작거나 띄어 읽기를 잘못하고 있다면 교사가 수정할 수 있도록 지도한다. 목소리 크게 내기는 토의토론의 기본 과정이다. 읽으면서 어려운 낱말 3개를 국어사전에서 찾고 정리한다. 인상 깊은 구절을 확인한 후 이유를 정리한다.

[활동 2] 에르디아 토론하기

에르디아 토론은 4인 1모둠, 6인 1모둠으로 모둠 구성이 가능하다. 개인적으로 4인 1모둠보다는 6인 1모둠으로 정해서 다양한 친구들의

성독하는 모습

에르디아 토론 활동 모습

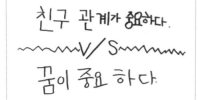

모둠에서 정한 질문 결과물 1

논제1: 희진이가 싫어하는 애들은 왜 항상 버릴까?

윤도주: 기분 나쁜 말을 해서
박재범: 마음이 약해 그냥 친한게 최선이라 본다
서지은: 억울이 말해 그냥 쉬워진다
노태훈: 당신은 판대로 받아드신다
김지오: 친구의 관계가 최선 좋다.

모둠에서 정한 질문 결과물 2

의견을 들어보고 소통하는 것이 더 좋다고 생각했다.

활동 방법으로는 먼저 모둠지기를 1명씩 정해서 각 모둠의 토론을 이끌어나갈 수 있도록 한다. 모둠에서 자유롭게 이야기하면서 집중적으로 이야기하고 싶은 질문을 정한다. 백상지에 질문을 적은 후에 자유롭게 토론한다. 1차 토론을 마친 후 원래 모둠지기를 포함하여 다른 모둠에 가서 그 모둠에서 정한 질문을 가지고 자유롭게 토론한다.

에르디아 토의토론 알아보기

● 에르디아 토의토론이란?

에르디아(ERDIA) 토의토론은 독일어로 'ERNSTER DIALOG(진지한 대화)'의 앞글자를 사용하여 만든 용어이다. 공감과 경청, 질문을 기반으로 한 에르디아 토의토론은 따뜻한 대화를 통해 성장을 돕는 방법이다. 또한 서로의 생각을 보태어 다양한 관점을 열어주는 대화식 토론이다. 에르디아 토의토론은 경청과 공감, 대화 안전지대, 느린 대화, 배움, 질문, 집단 지성이라는 핵심가치를 두고 있으며, 다음과 같이 6가지 프로세스로 진행된다.

대화의 안전지대 만들기→느낌 표현하기→키워드로 관점 전환하기→토론 질문 만들기→쓰면서 토론하기→성찰하기

위 과정에 대해서 간단하게 설명하면, '느낌 표현하기' 단계에서는 이 책에 대한 느낌은 어떤지 물으면서 편안한 분위기를 만든다. '키워드 관점 전환하기'는 책의 키워드를 각자 뽑아보고 다른 사람의 관점을 알며 나의 관점을 다른 사람에게 말하면서 다양한 의미를 발견하는 과정이다. '토론 질문 만들기'는 에르디아 토의토론의 중심이 되는 과정이며, 학생들에게 질문을 만들고 기다리는 시간이다. '쓰면서 토론하기'는 질문에 대해 토론하고 쓰면서 자기 생각이나 모둠의 생각을 더 구체화하고 다른 사람의 생각을 더 들어볼 수 있다. '성찰하기'

는 흥미롭거나 새롭게 발견한 점들을 나눈다. 이 과정은 각 교실의 상황에 맞게 추가하거나 없애는 등 재구성하여 사용할 수 있다.

● 활용 가능한 토의토론 주제

에르디아 토론은 정말 많은 토론 주제(질문)가 가능한 방법이다. 토론하고 싶은 다양한 질문을 활용하여 토의토론하고 그 결과를 쓰면서 정리한다.

　-통일은 꼭 해야 할까?

　-자전거 등교는 허용해야 할까?

　-시험은 필요한가?

　-학급 규칙은 필요한가?

● 에르디아 토의토론 순서

❶ 4~6명으로 모둠을 구성한다.

❷ 모둠 친구들은 공통된 상황이나 주제 글에 대해 인식하고 공유한다.

　• 자연스럽게 느낌이나 자신이 생각한 키워드에 대해 언급하고 공유한다.

❸ 모둠별로 질문을 정한다.

❹ 모둠별로 정한 질문에 대해 토의토론을 하고 결과를 정리한다.

❺ 이야기하고 싶거나 관심 있는 질문 모둠에 이동하여 추가 토론 후 보충·정리한다.

❻ 흥미롭거나 새롭게 발견한 점을 모둠 친구들과 이야기한다.

◎ 준비물: 질문카드, 보드마카, 4절지(토의토론 결과 정리)

● 에르디아 토의토론 활동 사례

각 모둠의 질문에 대한 에르디아 토의토론 활동 모습	모둠에서 정한 질문과 에르디아 토의토론 후 결과물

Tip

에르디아 토의토론은 앞에서 설명한 바와 같이 6개의 과정(대화의 안전지대 만들기→느낌 표현하기→키워드로 관점 전환하기→토론 질문 만들기→쓰면서 토론하기→성찰하기)을 거친다. 이러한 과정은 토론을 편하게 하고 토론 분위기를 조성하는 데 도움을 줄 수 있지만, 과정이 중요한 것이 아니라 편안하고 진지한 대화를 하는 것이 중요하다. 그래서 반드시 이 6가지 과정을 따를 필요는 없으며 학급 상황에 맞게 재구성하여 사용하는 것이 좋다. 나는 에르디아 토의토론을 할 때는 '판단하지 않기', '엉뚱한 이야기도 괜찮아'의 2가지만 반드시 따르도록 했다. 처음에는 장난으로 친구들이 엉뚱한 이야기를 할 수도 있지만 토론을 진행하다 보면 모두 집중하고 경청하는 것을 볼 수 있다.

에르디아 토의토론은 월드카페 토론과 비슷하게 진행할 수 있다. 월드카페 토론은 호스트가 남지만 에르디아 토의토론은 자유롭게 다른 모둠으로 이동하여 토론하는 흐름으로도 진행이 가능하다. 또 이동하지 않고 자신의 모둠에서 질문을 만들고 정리하는 것까지만 진행해도 좋다. 가장 중요한 점은 경쟁하지 않고 허용적인 분위기를 조성하는 것이다.

배움 주제	성아름, 왕따를 시키는 정희진이 되다.	
준비물 및 자료, 예습적 과제	교사	학습지(KWL)
	학생	국어사전
핵심 성취기준	드러나지 않거나 생략된 내용을 추론하며 듣는다. 의견을 제시하고 함께 조정하며 토의한다.	
핵심역량	의사소통 및 협업능력	
주제 개요 및 수업자 의도	아름이는 희진이가 왜 자신을 싫어하고 미워하는지 모른다. 예전에 친하게 지냈던 희진이의 마음을 알고 싶을 뿐이다. 아름이와 희진이 사이에 과연 어떤 일이 있었을까? 우리는 전 시간에 아름이와 희진이의 관계에 대해서 대략적으로 알 수 있었다. 그래서 학생들은 전 시간에 공부한 내용을 활용하여 지금까지 K(알고 있는 것), W(알고 싶은 것)을 적는다. 그리고 성독을 한다. 성독을 하고 모둠원들과 알고 싶은 것에 대해 토의토론하면서 W(알고 싶은 것)의 답과 자신의 생각을 이야기한다. 이 결과를 L(알게 된 것)에 적는다. 이처럼 이번 수업은 KWL 토의토론을 통해 희진이의 마음을 이해하는 부분에 초점을 맞춰 수업을 진행하고자 한다.	

과정평가	수업의 흐름	자료 및 유의점	반성 및 성찰
	◎동기유발 -친한 친구와 다퉜던 경험이 있나요? 그때 기분은?		
	〈배움 주제〉 다시 아름이가 되어 희진이와 마주하다. 〈배움 순서〉 -성독하기 -KWL 토의토론하기		

	◎성독하기 −먼저 K(아름이와 희진이에 대해 알고 있는 것), W(아름이와 희진이에 대해 알고 싶은 것)에 대해 토의토론 후 정리하기 −개인별 읽기(묵독하기) −어려운 단어 찾고 정리하기 −인상 깊은 구절 찾고 이유 적기	−KW 부분에 적어도 7분 이상은 필요하다. −국어사전 −KW 부분에서 많은 시간을 사용했기 때문에 어려운 단어 찾고, 인상 깊은 구절은 빠른 시간에 정리할 수 있도록 안내한다.	−성독하기 전에 충분히 K(알고 있는 것), W(알고 싶은 것)에 대해 먼저 정리하는 활동에 대한 의미를 안내하기
의사소통 및 협업능력	◎KWL 토의토론하기 −성독 후 W(알고 싶은 것)에 대한 이야기, 그리고 새롭게 알게 된 점에 대해 토의토론하기 −결과 정리하기 −전체 발표하기	−학습지(KWL 토의토론) −토의토론 5분 −내용 정리 2~3분	−자유롭게 W(알고 싶은 것)에 대한 이야기를 하고 ㄴ 부분에 정리하도록 안내하기

수업의 실제

[활동 1] 성독하기

원래는 성독하기 활동을 먼저 한 후에 성독한 내용을 바탕으로 토의토론 주제를 잡아 활동 2를 하는 흐름으로 수업을 진행한다.

이번 차시에서는 먼저 KWL 토의토론의 특성에 따라 성독하기 전에 전 시간에 배웠던 내용을 바탕으로 아름이와 희진이에 대해 K(알고 있는 것), W(알고 싶은 것)를 먼저 학습지에 정리한다. 그리고 성독한다. 교사가 학생들에게 성독하면서 W(알고 싶은 것)에 대해 생각을 하며 큰 소리로 읽어보라고 안내하는 것이 중요하다.

성독하는 모습	성독하기 활동 후 노트 결과물

[활동 2] KWL 토의토론하기

활동 1에서 전 시간에 배운 내용을 바탕으로 아름이와 희진이에 대해 K(알고 있는 것), W(알고 싶은 것)에 대해 미리 정리했다. 그리고 성독을 하면서 이번 시간에 배울 내용을 파악하고 W(알고 싶은 것)에 대해 어느 정도 자신만의 생각도 갖게 되었다. 이것을 바탕으로 모둠에서 W(알고 싶은 것)와 관련하여 토의토론한 후 L(알게 된 것) 부분을 정리한다.

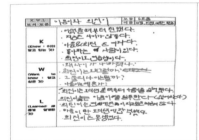

KWL 토의토론 결과물	KWL 토의토론 활동 모습

KWL 토의토론 알아보기

● KWL 토의토론이란?

　KWL(Know, Want to know, Learned) 토의토론은 학생들의 배경지식을 적극 활용할 목적으로 개발되었다. KWL 토의토론은 사실적 내용을 담고 있는 글을 읽거나 듣기 활동을 하기 이전과 그 이후에 사용하는 것을 목적으로 한다.

　KWL 토의토론 방법은 인물이나 사건, 개념에 대한 수업에서 많이 활용된다. 학생들은 자신의 사전지식을 인물이나 사건에 연결한다. 이 토의토론의 목적은 다양한 학습을 하고 난 후에 새롭게 알게 된 사실을 생활 속에 활용할 수 있도록 하고, 궁금한 점이나 좀 더 깊이 있게 알고 싶은 점들을 찾아서 정리하는 것이다. 모둠원들이 한 가지 주제나 인물에 대해 탐구한다면 그 모든 과정을 고스란히 보여주며, 그 속에서 지식과 정보를 나누고 습득할 수 있는 자료가 된다.

● 활용 가능한 토의토론 주제

　KWL 토의토론은 한 가지 주제나 인물, 개념을 파악할 때 좋은 방법이다. 예를 들어 소설 인물 알아보기, 사회·도덕 개념을 탐구하기 관련 주제로 사용하면 좋다.

　　– 아름이의 꿈 알아보기

　　– 인권이란 무엇일까?

　　– 고생이 알아보기

● KWL 토의토론 순서

❶ 4~6명으로 모둠을 구성한다.

❷ 사회자(교사)가 도약과제를 공개한다.

❸ 과제를 탐구하기 전에 주어진 내용이나 도약과제에 대해 알고 있는 것을 기록한다.

❹ 오늘 학습을 통해 알고 싶은 것(사실, 탐구할 내용, 탐구목적)을 기록한다.

❺ 다양한 자료와 대화, 협력을 통해 도약과제에 대한 답이나 정보를 찾아 이해를 확장한다.

❻ 모둠원끼리 이해를 확장한 결과(사실, 지식, 향상된 역량 등)를 적는다.

❼ 모둠별로 발표한다.

◎ 준비물: 학습지(KWL 토의토론)

배움 주제	다시 아름이가 되어 희진이와 마주하다.	
준비물 및 자료, 예습적 과제	교사	학습지(프로콘 토론)
	학생	국어사전
핵심 성취기준	절차와 규칙을 지키고 근거를 제시하며 토론한다. 자료를 정리하여 말할 내용을 체계적으로 구성한다.	
핵심역량	비판적 사고력, 의사소통 및 협업능력	
주제 개요 및 수업자 의도	아름이는 왜 희진이가 자신을 미워하고 싫어했는지 수상한 타자기를 활용해서 알게 되었다. 담임선생님은 희진이, 지선이, 아름이를 불러서 상담했고, 서로의 입장에 대해 이야기를 하였다. 아름이는 희진이와 친해지고 싶지만, 또 언제 자신을 미워할지 몰라 불안해한다. 희진이와 아름이는 다시 친하게 지내야 할까? '아름이는 희진이와 다시 친하게 지내도록 노력해야 한다.'라는 논제로 프로콘 토론을 하고자 한다. 사실 논제가 명확하지 않아 많은 고민을 했다. '아름이와 희진이가 친구를 유지해야 한다.'라고 정할까 고민도 했다. 하지만 아무런 노력을 하지 않아도 단순하게 친구라는 관계는 유지될 수 있을 것 같았다. 아름이가 희진이와 친한 친구 관계로 돌아가고 싶은데 겁이 난다는 점이 핵심이다. 그래서 위와 같이 논제를 정하고자 했다.	

과정평가	수업의 흐름	자료 및 유의점	반성 및 성찰
	◎동기유발 −친한 친구와 싸워서 화해한 경험이 있나요? 화해하지 못한 경험은 있나요?		
	〈배움 주제〉 다시 아름이가 되어 희진이와 마주치다. 〈배움 순서〉 −성독하기 −프로콘 토론하기		
	◎성독하기 −학급 전체 읽기 −개인별 읽기 −어려운 단어 찾고 정리하기 −인상 깊은 구절 찾고 이유 적기	−국어사전	−최대한 시간을 줄여서 성독하기를 진행한다.

| 비판적 사고력,
의사소통 및
협업능력 | ◎프로콘 토론하기
–찬성 주장, 반대 주장 입론문 정리
하기
–찬성, 반대 입장 나누기
〈논제: 아름이는 희진이와 다시 친하
게 지내야 한다.〉
–토론하기
–입장 바꿔 토론하기
–토론 후 느낀 점 이야기하기 | –학습지(프로콘 토
론)
–입론문을 쓸 때 간
단하게 핵심 키워드
위주로 쓰기(왜냐하
면 토론을 한 번 해
야 하고, 입장을 바
꿔 다시 토론해야
하기 때문에 시간이
걸린다.) | –토론에 능숙하지
않다면 2차시로
나눠 수업을 진행
하는 것도 추천한
다. |

수업의 실제

[활동 1] 성독하기

처음에는 학급 전체가 한 페이지를 같이 크게 읽는다. 모둠별로 한 문단씩 읽고 개인별로 한 문장씩 읽는다. 읽으면서 어려운 낱말 3개를 국어사전에서 찾고 정리한다. 인상 깊은 구절을 확인한 후 이유를 정

입론문 작성하는 모습	1차 토론하는 모습

리한다. 이번 차시 수업은 프로콘 토론이 중심이기 때문에 성독하기 과정은 최대한 생략하거나 줄여서 활동한다.

[활동 2] **프로콘 토론하기**

프로콘 토론을 진행할 때 한 차시에 수업을 진행하기 위해서는 먼저 입론문을 학생들이 잘 작성해야 하고, 토론 규칙과 절차에 대해 익숙해야 한다. 개인적으로 아직 토론 연습과 입론문 쓰기가 부족하다면, 2차시로 수업하는 것도 추천한다.

활동방법은 앞 짝은 찬성, 뒤의 짝은 반대 입장에서 입론문을 작성한다. 1차 토론을 진행하고, 1차 토론 후 입장을 바꿔 입론문을 작성한다. 입론문을 작성할 때는 1차 토론에서 상대방의 반론을 참고하여 적는다. 다시 2차 토론을 한다. 2차 토론 후 모둠의 생각을 모아 정리한다.

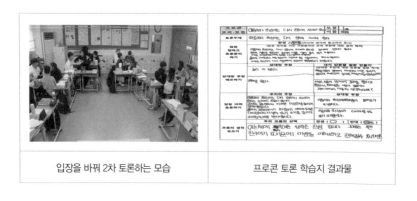

| 입장을 바꿔 2차 토론하는 모습 | 프로콘 토론 학습지 결과물 |

프로콘 토론 알아보기

● 프로콘 토론이란?

존슨 앤 존슨(Johnson & Johnson)이 개발한 이 모형은 모둠 내에서 서로 반대되는 작은 모둠을 만들어 의도적으로 갈등 상황을 만든다. 프로콘 토론은 그 속에서 참석자들이 자신의 생각과 다른 주장, 경험, 관점들을 동시에 경험하게 함으로써 개념적 갈등과 심정적 혼란을 가져오며, 나아가 최초에 가졌던 신념에 대해 회의를 품고 이를 해결하기 위해 정보습득, 경험, 추론, 확산적 사고를 하게 되는 토론 방법이다.

프로콘 토론에서는 4인 모둠에서 2명씩 작은 집단을 만들고 한 모둠은 찬성을, 다른 한 모둠은 반대를 선택하여 토론을 펼친다. 주장을 펴고 묻고 답하는 시간을 갖고, 그다음에는 역할을 바꿔서 토론한다. 이렇게 두 번의 토론을 거치고 나서 찬성과 반대 중 무엇을 선택할지 결정하여 의견을 발표하는 방법으로 진행한다.

● 활용 가능한 토의토론 주제

프로콘 토론은 찬반이 나뉘는 토론 논제로 토론하는 데 굉장히 유용하다. 실제로 해보니 가치 판단이 들어가는 찬반 토론 논제였을 때 가장 효과가 좋았다. 왜냐하면 토론 논제에 대해 이미 가치 판단을 하고 있는 상황에서, 다시 반대 입장이 되어 토론하게 되므로 균형 있는 관점을 가질 수 있기 때문이다.

－욕을 사용해도 된다.

－학교에서 체벌은 필요하다.

－유기견 안락사는 필요하다.

－학교 폭력 방관자도 처벌해야 한다.

● 프로콘 토론 수업 방법

❶ 모둠을 4명으로 구성한다.

❷ 사회자(교사)가 도약과제를 공개한다.

❸ 모둠에서 먼저 앞의 짝은 찬성을, 뒤 짝은 반대 역할을 하고 같
   은 입장을 가진 사람끼리 팀이 되어 입론문을 작성하고 자료를
   준비·공유한다.

❹ 팀별로 토론한다. 이때 동시에 상대팀이 주장하는 내용을 메모
   하며 듣는다.

❺ 찬성은 반대로, 반대는 찬성으로 입장을 바꿔서 토론한다.

❻ 토론을 마친 후 모둠에서는 합의된 결과나 답을 정리한다.

❼ 모둠 전체 발표를 하고 서로 질의·응답한다.

◎ 준비물: 학습지(프로콘 토론)

배움 주제	문을 닫게 된 수상한 고물상	
준비물 및 자료, 예습적 과제	교사	
	학생	국어사전, 국어노트
핵심 성취기준	국어의 문장성분을 이해하고 호응관계가 올바른 문장을 구성한다. 목적이나 주제에 따라 알맞은 내용과 매체를 선정하여 글을 쓴다.	
핵심역량	창의적 사고력	
주제 개요 및 수업자 의도	고심이는 행복한 기억을 모은 호리병을 할아버지께 드리려다 실수로 깨뜨리고 만다. 할아버지는 화가 나서 고심이에게 더 이상 마법 가루를 주지 않는다. 결국 고심이는 학교 인터넷 게시판에 수상한 고물상 문을 닫는 글을 올린다. 수업자는 여기까지 읽고 다음에 어떤 일이 벌어질지, 할아버지가 다시 용서해주실지, 친구들은 어떻게 반응할지 궁금하였다. 그래서 본 차시에서는 문을 닫고 난 후의 상황에 대한 뒷이야기를 각자 꾸며 쓰는 흐름으로 수업을 진행하고자 한다. 학생들이 직접 뒷이야기를 꾸며서 써보고 소설에서 실제로 어떻게 일이 진행되었는지 확인하는 것은 무척 흥미로운 일이다. 이야기를 꾸며 쓴 후에 돌아가며 쓰기 토의토론으로 과정평가를 한다.	

과정평가	수업의 흐름	자료 및 유의점	반성 및 성찰
	◎동기유발 -수상한 고물상이 있다면 내가 되어 보고 싶은 사람은?		
	〈배움 주제〉 문을 닫게 된 고물상 〈배움 순서〉 -성독하기 -이야기 꾸며 쓰기		
	◎성독하기 -학급 전체 읽기 -개인별 읽기 -어려운 단어 찾고 정리하기 -인상 깊은 구절 찾고 이유 적기	-국어사전	

창의적 사고력	◎이야기 꾸며 쓰기 -수상한 고물상이 문을 닫은 후에 생길 일에 대해 개요 짜기 -글쓰기 -퇴고하기 -돌아가며 쓰기 토의토론하기 -전체 발표하기	-뒷이야기 꾸며 쓰고 노트에 정리하기 -돌아가며 쓰기 토의토론할 때 개인별로 다른 색깔의 펜을 사용하여 느낀 점 쓰기 -개요 짜기 5분 -글쓰기 20분 -퇴고 5분 -돌아가며 쓰기 토의토론 5분	-어떻게 진행될 것 같은지 충분히 이야기해보고 글을 쓸 수 있도록 하기, 모둠에서 먼저 이야기를 해도 좋다.

수업의 실제

[활동 1] 성독하기

학급 전체가 한 페이지를 같이 크게 읽는다. 모둠별로 한 문단씩 읽고, 개인별로 한 문장씩 읽는다. 읽으면서 어려운 낱말 3개를 국어사전에서 찾고 정리한다. 정리한 3개의 단어로 한 문장을 만든다. 인상 깊은 구절을 확인한 후 이유를 정리한다.

성독하는 모습	뒷이야기 글 쓰는 모습

[활동 2] 이야기 꾸며 쓰기

고심이가 학교 게시판 홈페이지에 수상한 고물상의 문을 닫는다는 글을 올리고 나서 어떤 일이 벌어질지 각자 생각한다. 그리고 전체적으로 학생들의 이야기를 들어본다. 교사는 이때 학생들의 생각을 보조 판서로 간단하게 적어준다.

학생들은 자신의 생각과 보조 판서의 내용을 참고하여 개요를 짠 후 직접 글을 쓴다. 글을 다 쓰고 퇴고한 뒤 모둠에서 돌아가며 쓰기 토의토론을 한다.

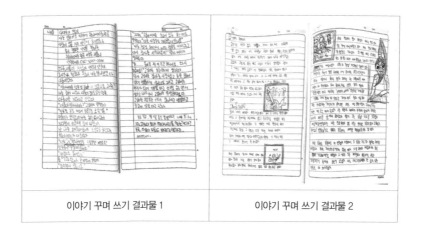

| 이야기 꾸며 쓰기 결과물 1 | 이야기 꾸며 쓰기 결과물 2 |

27	우울증에 걸린 소녀들, 할아버지를 찾아 나서다(135~142)

배움 주제	우울증에 걸린 소녀들, 할아버지를 찾아 나서다.	
준비물 및 자료, 예습적 과제	교사	포스트잇, 2절지
	학생	국어사전
핵심 성취기준	의견을 제시하고 함께 조정하며 토의한다. 절차와 규칙을 지키고 근거를 제시하며 토론한다.	
핵심역량	의사소통 및 협업능력	
주제 개요 및 수업자 의도	수상한 고물상을 이용했던 소녀들은 우울해지거나 무기력해지는 현상을 겪는다. 그래서 수상한 타자기를 이용했던 소녀들은 다시 한번 고심이의 수상한 고물상에 모이게 된다. 고심이와 네 명의 친구들은 마법가루를 준 할아버지를 찾자고 의견을 모은다. 하지만 할아버지를 찾을 방법이 떠오르지 않는다. 어떻게 하면 할아버지를 찾을 수 있을까? 학생들의 다양하고 창의적인 아이디어를 보기 위해 '할아버지를 찾는 가장 좋은 방법'이란 주제로 피라미드 토의토론 방법을 활용하여 수업을 진행하고자 한다.	

과정평가	수업의 흐름	자료 및 유의점	반성 및 성찰
	◎동기유발 –유치원 때 가장 친했던 친구는? 연락은 하는지? 못한다면 어떻게 찾을 수 있을까?		
	〈배움 주제〉 우울증에 걸린 소녀들, 할아버지를 찾아 나서다. 〈배움 순서〉 –성독하기 –할아버지를 찾는 방법은?		
	◎성독하기 –학급 전체 읽기 –개인별 읽기 –어려운 단어 찾고 정리하기 –인상 깊은 구절 찾고 이유 적기	–국어사전	–5분 이내, 최대한 시간을 줄여보자.

의사소통 및 협업능력	◎할아버지를 찾는 방법은? -개인별로 3장씩 배부해준 포스트잇에 할아버지 찾는 방법 적기 -짝꿍과 토론 후 6개의 의견 중 2개 고르기 -모둠에서 4개의 의견 중 모둠토론으로 2개 고르기 -모둠에서 선택한 2개의 의견 중 가장 좋은 의견 1개 고르기	-포스트잇 -포스트잇 1장에 한 가지 의견만 적을 수 있도록 안내하기 -2절지(수업 전 피라미드 모양으로 미리 그려놓기) -선택받지 못한 포스트잇은 피라미드에 아래층부터 붙이기	-선택받지 못한 의견은 버려지는 것이 아니라 더 좋은 의견을 내는 데 징검다리가 된다는 것을 안내하기 (단계별로 피라미드를 쌓아가는 모습을 보면 더 쉽게 이해한다.)

수업의 실제

[활동 1] 성독하기

처음에는 학급 전체가 한 페이지를 같이 크게 읽는다. 그리고 개인별로 한 문장씩 읽는다. 읽으면서 어려운 낱말 3개를 국어사전에서 찾고 정리한다. 정리한 어려운 낱말 3개가 들어간 한 문장을 만든다. 인상 깊은 구절을 확인한 후 이유를 정리한다.

[활동 2] 할아버지를 찾는 방법은?

할아버지를 찾는 방법에 대해 개인별로 시간을 준다. 그리고 포스트잇 1장에 하나씩 의견을 적도록 한다. 자신의 의견 3가지와 짝의 의견 3가지, 총 6가지 의견을 가지고 짝과 토론한다. 그 후 좋은 방법 2

개를 선택하고 선택받지 못한 4개의 의견은 피라미드 토의토론판 맨 아래쪽에 붙인다. 짝과 뽑은 2개의 의견과 같은 모둠에 있는 짝의 의견 2개, 총 4개의 의견을 가지고 모둠토론을 하여 최고의 방법 1가지를 선택한다. 선택받지 못한 3개의 의견은 피라미드 토의토론판 2층에 붙이고, 최고의 방법 1가지는 맨 위에 붙인다.

자신의 생각을 포스트잇에 적는 모습	짝 토론 하는 모습
모둠 토론하는 모습	피라미드 토의토론 결과물

피라미드 토의토론 알아보기

● 피라미드 토의토론이란?

　피라미드 토의토론은 2명(1:1)이 의견을 모은 후, 다시 4명(2:2)의 의견을 모으는 과정이 마치 피라미드와 같다고 해서 붙여진 이름이다. 피라미드 토의토론은 모든 구성원이 참여하여 집단의 전체 의견을 모을 때 아주 유용한 방법이다. 특히 매 단계마다 입장(결론)과 그 근거를 밝히고 선택하는 과정은 토의토론을 훈련하는 과정이기도 하다.

　피라미드 토의토론에서는 토의토론에 참여하는 집단의 규모가 커지기 때문에 집단의 수는 절반씩 계속 줄어든다. 소수와 다수의 토의·토론을 모두 경험할 수 있고, 비슷한 발언을 여러 번 하면서 표현력을 기를 수 있다.

● 피라미드 토의토론 순서

❶ 사회자가 주제를 발표하고, 간단하게 질의응답 시간을 갖는다.

❷ 개인별로 3장의 포스트잇을 배부한 후 주제에 대한 자신의 생각을 간단히 3가지 적게 한다.

　• 개인 의견을 짝수로 적게 하면 토론 시간에 개수를 나누어 합의할 우려가 있으므로 개인 의견은 홀수로 적게 하는 것이 좋다.

❸ 1:1 짝 토론으로 6가지 중 3가지를 선택한다.

❹ 2:2 모둠 토론으로 다시 6가지 중 3가지를 선택한다.

❺ 2:2 모둠 토론에서 선택된 3가지 중 최고의 의견 1가지를 선택

한다.

- 시간은 각각 5분 정도 주는 것이 좋다.

❻ 큰 종이에 결과를 붙인 후 발표한다.

◎ 준비물: 2절지, 포스트잇, 펜

※ 학생들은 자신의 의견이 선택받지 못하고 버려지는 것에 대해 많은 상처를 받는다. 큰 종이에 포스트잇 결과물을 붙이는 이유는 학생들에게 자신의 의견이 버려지는 것이 아니라 더 좋은 의견으로 나아가는 밑바탕이 된다는 사실을 알려줄 수 있기 때문이다.

● 활용 가능한 토의토론 주제

주제에 대한 다양한 대안이 나오고, 이 중 좋은 의견을 선택할 때 사용하는 것이 좋다.

- 우리 반 수학여행 장소는?
- 좋은 친구의 조건은 무엇인가?
- 우리가 공부를 해야 하는 이유는?
- 우리 반 규칙 정하기
- 미래 배우자의 조건은?
- 행복한 가정의 조건은 무엇인가?

배움 주제	다섯 친구의 행복 찾기 여행	
준비물 및 자료, 예습적 과제	교사	학습지(만장일치)
	학생	국어사전
핵심 성취기준	의견을 제시하고 함께 조정하며 토의한다. 자료를 정리하여 말할 내용을 체계적으로 구성한다.	
핵심역량	의사소통 및 협업능력	
주제 개요 및 수업자 의도	고심이와 네 명의 친구들은 행복을 찾기 위한 여행을 떠난다. 건희 아버지의 도움으로 친구들은 부산으로 여행을 간다. 그곳에서 마법가루를 줬던 할아버지를 만난다. 할아버지는 호리병을 기계에 놓고 아이들의 행복했던 기억을 보여준다. 다음 차시에 고심이와 건희의 행복했던 추억은 제시되어 있지만, 진리, 민희, 아름이의 행복했던 추억은 언급되어 있지 않다. 개인적으로 주인공은 다섯 명인데 두 명의 행복했던 기억만 나와 있어서 아쉬웠다. 과연 이 세 친구(진리, 민희, 아름)들의 행복했던 순간은 언제였을까? 그래서 이번 차시에서는 진리, 민희, 아름이의 성격과 특징을 참고하여 각각의 인물들이 행복했던 기억은 무엇일지 자유롭게 상상하고 만장일치 토의토론으로 의견을 모으는 수업의 흐름으로 진행하고자 한다.	

과정평가	수업의 흐름	자료 및 유의점	반성 및 성찰
	◎동기유발 −선생님이 어제 가장 행복했던 순간에 대해 모둠에서 토의토론한 후 발표하기		
	〈배움 주제〉 다섯 친구의 행복 찾기 여행 〈배움 순서〉 −성독하기 −만장일치 토의토론하기		
	◎성독하기 −학급 전체 읽기 −개인별 읽기 −어려운 단어 찾고 정리하기 −인상 깊은 구절 찾고 이유 적기	−국어사전	−만장일치 토의토론 활동은 시간이 오래 걸림. 최대한 빠르게 진행한다.

의사소통 및 협업능력	◎만장일치 토의토론하기 -진리, 민희, 아름이의 행복했던 기억이라고 생각1장면을 개인별로 학습지에 적기 -개인별 순위 결정하기 -모둠토론을 통해 만장일치로 순위를 정하고 기록하기 -전체 발표하기	-학습지(만장일치) -상대방의 의견에 이해가 된다면 상대방의 의견 찬성해 주기(자신의 의견만 끝까지 주장하는 학생들이 있어서, 먼저 언급 필요)	-합의가 될 때까지 끝없는 설득과정이 필요하다는 것이 이 토의토론의 장점이지만, 시간이 오래 걸릴 수 있으므로 합의가 되지 않으면 다수결로 진행하는 것도 허용한다.

수업의 실제

[활동 1] 성독하기

학급 전체가 한 페이지를 같이 크게 읽고, 개인별로 한 문장씩 읽는다. 그리고 읽으면서 어려운 낱말 3개를 국어사전에서 찾고 정리한다. 이 낱말 3개를 활용하여 한 문장을 만든다. 학생들이 어려워하면 두 문장도 좋다. 이것은 학생들이 낱말을 이해하는 데 큰 도움이 된다. 인상 깊은 구절을 확인한 후 이유를 정리한다.

[활동 2] 만장일치 토의토론하기

진리, 민희, 아름이의 행복했던 순간에 대해 개인별로 앞의 내용을 참고하여 정리한다. 모둠원 순서대로 정리한 내용을 설명한다. 각자 모둠원이 설명한 각각의 인물들의 행복한 순간에 대해 누구의 의견이 제일 좋은지 순서대로 정리하고, 자신이 그렇게 순서를 정한 이유에 대해 다시 이야기한다. 이 과정을 거친 후 모둠에서는 합의하여 모둠원의 의견을 좋다고 생각한 순서대로 정리한다. 단, 합의가 되기 전에는 서로 설득하는 활동을 반복한다. 이 과정은 인물 한 명을 마친 후에 다른 인물로 넘어간다.

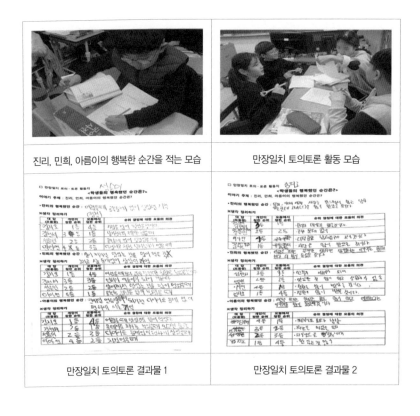

진리, 민희, 아름이의 행복한 순간을 적는 모습	만장일치 토의토론 활동 모습
만장일치 토의토론 결과물 1	만장일치 토의토론 결과물 2

만장일치 토의토론 알아보기

● 만장일치 토의토론이란?

강원토론교육연구회에서 만든 자료를 참고한 토의토론 방법으로, 모둠 구성원의 의견을 모두 일치시켜 의사결정을 하는 방법이다. 모든 학생이 존중받으면서 토의토론하는 경험을 가질 수 있도록 하는 것이 목적이다.

만장일치는 매우 어렵기 때문에 보통은 순위나 순서를 결정하게 된다. 진로 교육에서 많이 활용될 수 있는 토론이기도 하며, 취업 전망이 좋은 직업, 10대 청소년이 희망하는 직업, 부모님이 바라는 직업 순위 등을 알아볼 때 효과적이다.

만장일치 토론은 '정답이 있는 만장일치 토론'과 '정답이 없는 만장일치 토론'으로 나눌 수 있다. '정답이 있는 만장일치 토론'은 통계를 활용하여 명확한 결과를 확인할 수 있다. '정답이 없는 만장일치 토론'은 주로 가치 판단에 관한 것이다. 예컨대 '우리 모둠이 생각하는 가치 있는 직업 순위'라는 주제는 정답이 없거나, 어쩌면 정답이 필요 없을 것이다. 반면, '정답이 있는 만장일치 토론'은 통계를 통해 결과를 확인할 수 있다. 그래서 모둠 토론을 통해 정확한 순위를 맞히면 간단한 선물을 주기도 한다. 여러 가지 직업 선호 순위, 10대 청소년들이 생각하는 행복하게 살기 위한 조건은 '정답이 있는 만장일치 토론'이라 할 수 있다.

● 활용 가능한 토의토론 주제

　-청소년의 희망직업 순위는?

　-학부모의 희망 직업 순위는?

　-행복하게 살기 위한 조건은?

　-우리 집에서 가장 필요한 물건은?

● 만장일치 토의토론 순서

　❶ 4~6명으로 모둠을 구성한다.

　❷ 사회자(교사)가 도약과제를 공개한다.

　❸ 개인별로 자신의 생각을 정리한다(포스트 잇에 정리하면 좋다).

　❹ 토론 참가자는 모둠 구성원의 만장일치로 (주제에 맞게) 카드를 순서대로 나열한다.

　　가급적 가장 앞 순서 또는 가장 나중 순서부터 차례대로 결정한다. 한 명이라도 반대하는 사람이 있으면 최대한 설득하기 위해 노력한다.

　❺ 모둠별로 공유 및 발표한다.

　❻ 정답이 있다면 사회자는 정답을 공개한다.

　◎ 준비물: 학습지(만장일치 토의토론)

배움 주제	우리들의 행복했던 시간	
준비물 및 자료, 예습적 과제	교사	학습지(피시본)
	학생	국어사전
핵심 성취기준	목적이나 주제에 따라 알맞은 내용과 매체를 선정하여 글을 쓴다. 의견을 제시하고 함께 조정하며 토의한다.	
핵심역량	정보활용능력, 의사소통 및 협업능력	
주제 개요 및 수업자 의도	본 차시에서는 할아버지가 다섯 인물의 호리병을 보여주는 내용이 등장한다. 다섯 인물 중에서 고심이와 건희의 행복한 기억을 담고 있다. 고심이와 건희는 어떤 행복했던 기억이 있을까? 학생들에게 먼저 추측하게 하고, 다양한 의견 을 듣는다. 수업자는 고심이와 건희의 행복한 기억을 피시본 토의토론으로 수 업을 진행하고자 한다. 피시본에는 각각 인물의 행복1장면을 3가지로 나누고 그 내용을 정리한다. 그리고 비주얼씽킹을 활용하여 고심이와 건희의 행복했 던 순간들에 대해서 이야기한다.	

과정평가	수업의 흐름	자료 및 유의점	반성 및 성찰
	◎동기유발 –고심이와 건희의 행복했던 순간은 언제였을까요?	–다양한 의견이 나 올 수 있도록 분위 기를 조성한다.	–나온 의견을 보 조판서로 칠판에 적기
	〈배움 주제〉 우리들의 행복했던 시간 〈배움 순서〉 –성독하기 –피시본 토의토론하기		
	◎성독하기 –학급 전체 읽기 –개인별 읽기 –어려운 단어 찾고 정리하기 –인상 깊은 구절 찾고 이유 적기	–국어사전	

| 정보활용능력, 의사소통 및 협업능력 | ◎피시본 토의토론하기
–모둠에서 고심이와 건희의 행복했던 장면 3가지 고르기
–각 장면에 해당되는 행복한 기억을 피시본에 정리하기
–전체 발표하기
–고심이와 건희의 행복했던 순간에 대해 이야기 나누기
–배움 성찰하기 | –학습지(피시본)

–피시본에 내용을 정리하면서 비주얼 씽킹 활용하기 | –사고를 확장하는 마인드맵과 비슷하지만 중간 가시와 작은 가시로 분석적 사고를 할 수 있도록 교사가 안내하는 것이 중요하다. 중간가시에 교사가 다른 주제를 넣어도 좋다. |

수업의 실제

[활동 1] 성독하기

학급 전체가 한 페이지를 같이 크게 읽는다. 개인별로 한 문장씩 읽는다. 시간을 보면서, 읽는 데 3분이 지나면 묵독을 하도록 한다. 매일 하는 과정이기 때문에 학생들의 자신감이나 띄어 읽기 등 국어 실

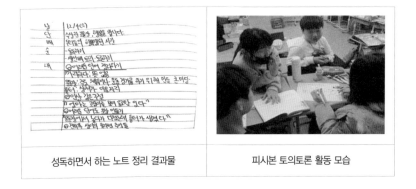

| 성독하면서 하는 노트 정리 결과물 | 피시본 토의토론 활동 모습 |

력이 향상됨을 느낄 수 있다. 읽으면서 어려운 낱말 3개를 국어사전에서 찾고 정리한다. 인상 깊은 구절을 확인한 후 이유를 정리한다.

[활동 2] 피시본 토의토론하기

피시본(생선 뼈) 토의토론 활동은 전체적으로 큰 그림을 보면서 그 안에서 다시 분석적 사고를 할 수 있는 방법이다. 그래서 교사가 어떤 주제를 던져주는지가 매우 중요하다. 먼저 학생들에게 생선뼈 모양을 자유롭게 그리도록 한다. 이미 만들어진 피시본 모양의 학습지가 있다면 그것을 이용해도 좋다. 등뼈를 중심으로 사선으로 여섯 개의 가시를 그린다. 수업자가 제시한 중간 가시 주제는 고심이와 건희의 행복했던 장면 3가지이다. 작은 가시에 중간 가시와 관련된 내용을 정리한다. 정리할 때 비주얼씽킹을 활용하면 더욱 좋다.

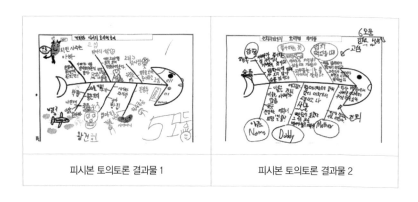

| 피시본 토의토론 결과물 1 | 피시본 토의토론 결과물 2 |

피시본 토의토론 알아보기

● 피시본 토의토론이란?

피시본 토의토론은 문제의 근본 원인을 찾아나가는 과정을 그림으로 표시한 것으로, 이시가와(Kaour Ishikawa)가 1985년에 개발한 것이다. 마치 물고기의 뼈 모양과 비슷한 형태의 그림으로 표현되므로 '어골도'라고도 한다. 이 기법은 문제에 어떤 요인이 어떤 관계로 영향을 미치고 있는지 보여주므로 문제의 원인을 쉽게 규명할 수 있도록 도와준다. 또한 설명하는 글이나 주장하는 글의 내용을 요약 정리하여 시각화하거나 토의 및 토론 과정에서 문제 또는 현재의 상황을 분석하고자 할 때도 활용할 수 있는 기법이다.

● 피시본 토의토론 순서

❶ 4~6명으로 모둠을 구성한다.

❷ 사회자(교사)가 도약과제를 공개한다.

❸ 과제를 탐구하기 전에 주어진 내용이나 도약과제에 대해 알고 있는 것을 기록한다.

❹ 도약과제의 다양한 원인 또는 해결책을 브레인스토밍한다.

❺ 피시본 학습지에 몇 개의 범주나 기준을 정하여 항목을 나누고 항목에 따라 원인이나 내용을 추가한다.

❻ 머리 부분: 문제(상황), 도약과제

몸통 부분: 큰 가시-대주제, 주요인, 기준, 범주/ 작은 가시-세

부 원인, 세부 내용 정리

꼬리 부분: 글의 끝부분 요약 및 강조

⑦ 모둠별로 발표한다.

⑧ 다른 모둠과 토론 결과에 대해 질의응답을 한다.

◎ 준비물: 학습지(피시본 토의토론)

● 활용 가능한 토의토론 주제

원인이나 해결책을 찾아야 할 문제나 주제, 다양한 글이나 기사 등을 보고 정보를 요약/정리해야 할 때, 토의토론 과정 중 생각이나 의견을 정리하면서 진행하기 위한 학습지 등 다양하게 활용이 가능하다.

– 학교폭력이 발생하는 원인과 해결책 알아보기

– 신문기사를 읽고 주요 내용을 요약하기

– 고심이의 아빠 고생의 현재의 삶과 그 원인을 알아보기

● 피시본 토의토론 활동 사례

피시본 토의토론 결과물	피시본 토의토론 활동 모습

피시본 토의토론을 통해 모둠원들은 객관적인 문제는 무엇인지, 그 원인이 무엇인지를 정확하게 알 수 있다. 또한 문학작품이나 글을 요약할 때에도 굉장히 유용하다. 피시본 토의토론은 유목화 과정에서 어떤 것이 중요한지 구분할 때도 좋다. 피시본은 마인드맵과 비슷하다. 하지만 마인드맵은 아이디어를 확장시키는 것에 중요성을 둔 반면 피시본은 핵심적인 아이디어를 체계화해서 요약한다는 점이 다르다. 정리를 할 때 비주얼씽킹을 활용하면 더 높은 학습적 효과를 거둘 수 있다.

배움 주제	행복을 파는 수상한 고물상		
준비물 및 자료, 예습적 과제	교사	학습지(사칙연산)	
	학생	국어사전	
핵심 성취기준	관심 있는 주제에 대해 자신의 의견이 드러나게 글을 쓴다. 읽기 경험과 느낌을 다른 사람과 나누는 태도를 지닌다.		
핵심역량	자기관리능력, 정보활용능력		
주제 개요 및 수업자 의도	다섯 친구 모두 행복을 찾는 과정을 통해 작지만 큰 행복을 느끼는 방법을 알게 되었다. 아이들은 상황은 변한 것이 없지만 생각은 변했다고 말한다. 마지막엔 다섯 친구 모두 행복을 찾았다는 말로 소설은 끝난다. 우리 반 친구들도 공부하는 이유, 운동하는 이유, 자신이 좋아하는 취미를 하는 이유 등 모든 행동의 원인이자 목적은 자신의 행복으로 귀결된다. 그래서 자신의 행복을 찾기 위한 사칙연산 토의토론 방법으로 슬로리딩 수업을 마무리하고자 한다. 사실 토의토론 자체가 모둠에서 서로의 생각을 나누고 공유하는 것이다. 그래서 처음의 수업 의도는 내가 행복하기 위해서는 어떤 것들을 추가하고, 중단하고, 지속적으로 하거나, 나누고 베풀어야 할지를 모둠에서 이야기하려고 했다. 하지만 개인마다 상황이 다르고, 행복을 추구하는 바가 다른데 어떻게 모둠에서 이것을 합의할 수 있을까 고민이 되었다. 그래서 사칙연산 토의토론 학습지는 개인별로 정리하되, 이것을 친구들과 나눌 수 있도록 돌아가며 말하기 토의토론으로 수업을 진행하고자 한다.		
과정평가	수업의 흐름	자료 및 유의점	반성 및 성찰
	◎동기유발 –1년 중 가장 행복했을 때는? 그 이유는?		
	〈배움 주제〉 행복을 파는 수상한 고물상 〈배움 순서〉 –성독하기 –사칙연산 토의토론하기		
	◎성독하기 –소리 내어 읽기 –어려운 낱말 정리하기 –인상 깊은 구절 정리하기 –인상 깊은 구절 찾고 이유 적기	–처음에는 반 전체로 읽고, 다음은 모둠별, 다음은 개인별로 읽기 (5분을 넘기지 않는 것이 좋다.)	–활동 2의 시간이 오래 걸리기 때문에 최대한 시간을 줄일 수 있도록 한다.

| 정보활용능력,
자기관리능력 | ◎사칙연산 토의토론하기
-자신이 행복하기 위해서 더하기,
빼기, 곱하기, 나누기 생각하기
-학습지에 정리하기
-돌아가며 말하기 토의토론하기
-전체 발표하기
-배움 성찰하기 | -학습지(사칙연산)
-더하기(+): 추가
할 것, 빼기(-): 중
단, 삭제할 것, 곱하
기(×): 현재 것 중
지속적으로 진행할
것, 나누기(÷): 나누
고 베풀 것 | -사칙연산 토의토
론 예를 들어 설명
해주기
-비주얼씽킹 활용
하기 |

수업의 실제

[활동 1] 성독하기

학급 전체가 한 페이지를 같이 크게 읽는다. 그리고 모둠별로 한 문단씩 읽고 나서 개인별로 한 문장씩 읽는다. 읽으면서 어려운 낱말 3개를 국어사전에서 찾고 정리한 뒤 이 3개의 낱말을 활용하여 한 문장을 만든다. 인상 깊은 구절을 확인한 후 이유를 정리한다.

[활동 2] 사칙연산 토의토론하기

자신이 행복하기 위해 더하기(추가할 것), 빼기(중단할 것), 곱하기(지속적으로 진행할 것), 나누기(나누고 베풀 것)에 대해 생각한다. 생각한 내용을 학습지에 정리한다. 정리할 때는 비주얼씽킹을 활용하고, 정리한 결과물을 돌아가며 말하기 토의토론을 하여 친구들과 나눈다.

사칙연산 정리하는 모습	돌아가며 말하기 토의토론하는 모습
사칙연산 결과물 1	사칙연산 결과물 2

사칙연산 토의토론 알아보기

● 사칙연산 토의토론이란?

사칙연산 토의토론은 김성현 선생님의 《교과수업 틀을 깨다 −시끌벅적 생각이 자라는 수업 혁신 프로젝트》(지식프레임, 2017)라는 책을 참고한 방법이다. 이 방법은 강점(Strength)과 약점(Weakness), 기회(Opportunity)와 위협(Threat) 요인을 분석하는 SWOT 기법에서 영감을 얻어 학교 수업에 변형하여 적용한 활동이다.

사칙연산에서 각각의 기호는 다음과 같은 의미를 지닌다. 더하기(+)는 발전적 아이디어를 뜻하는 것으로 현재의 상황에서 새롭게 추가했으면 하는 것을 의미한다. 빼기(-)는 약점을 의미하며 현재 상황에서 중단하거나 삭제했으면 하는 것을 뜻한다. 곱하기(×)는 강점을 의미하는 것으로 현재의 것 중에서 지속적으로 진행되었으면 하는 것을, 나누기(÷)는 나의 노력에 해당하는 것으로 현재 상황을 발전시키기 위해 가진 것 중에서 나누고 베풀 수 있는 것을 의미한다.

● 사칙연산 토의토론 순서

❶ 4~6명으로 모둠을 구성한다.

❷ 사회자(교사)가 도약과제를 공개한다.

❸ 모둠에서 도약과제의 다양한 노력이나 해결책을 브레인스토밍한다.

❹ 모둠에서 사칙연산 학습지에 몇 개의 범주나 기준을 정하여 항목을 나누고 항목에 따라 내용을 추가한다. (개인별로 정리해도 된다)

❺ 모둠별로 공유 및 발표를 한다.

❻ 다른 모둠과 토론 결과에 대해 질의응답을 한다.

◎ 준비물: 학습지(사칙연산 토의토론)

● 활용 가능한 토의토론 주제

사칙연산 토의토론은 한 가지 주제나 인물을 파악할 때, 그리고 도덕적 판단이 필요한 문제를 해결할 때 좋은 방법이다. 예를 들어 인물에 대한 고찰, 문제 해결을 위한 다양한 방법을 알아보기 위한 주제로 사용하면 좋다.

- 좋은 학급은 무엇일까?
- 좋은 소비란 무엇일까?
- 나의 꿈을 이루기 위해서는?
- 궁예가 삼국을 통일하기 위해서는?

Tip

사칙연산 토의토론은 도덕적 판단이 들어가는 해결책을 알아보는 데 좋은 방법이다. 예를 들면 학기 초에 학급 세우기를 할 때 좋은 학급을 만드는 과정에서, 그리고 여름방학이나 겨울방학에 바람직한 방학을 보내기 위한 계획 세우기 등 다양한 주제에 사용할 수 있다. 모둠별로 학습지를 활용해서 하는 것도 편하지만 각각의 더하기, 빼기, 곱하기, 나누기 판을 이젤에 나눠서 개인별로 포스트잇을 붙이는 형태로 수업을 진행할 수 있다. 학생들이 붙인 각각의 스티커를 통해 좋은 의견을 모으는 흐름으로 수업을 디자인한다.

슬로리딩 수업은 힘이 세다

슬로리딩 수업을 진행하면서 학생들에게는 많은 변화가 있었습니다. 많은 학생들이 책을 좋아하게 되었고, 독서 골든벨 행사까지 열어서 진행하였습니다. 또한 《수상한 고물상, 행복을 팝니다》를 집필하신 이서윤 작가님과 연락이 되어 학생들이 작가님의 편지를 받았을 때 얼마나 가슴 떨려 하고 기뻐했는지 모릅니다. 이렇게 책 한 권의 수업이 많은 학생들을 변화시켰습니다.

제가 슬로리딩 수업을 알게 된 것은 4년 전이었고, 실제로 슬로리딩 수업을 진지하게 고민하고 시도해본 것은 3년 정도가 되었습니다. 슬로리딩 수업에 대해 많이 아는 것은 아니지만 꾸준하게 고민하고, 수업하면서 기록했습니다. 3년 동안 슬로리딩 수업을 고민하면서, 토의 토론 수업이라는 방법과 국어력 향상이라는 두 가지를 접목하고 수업에 구현시키기 위해 노력했습니다. 이제는 슬로리딩 수업을 어떻게 봐야 할지, 어떻게 수업을 디자인해야 할지 조금은 알 것 같고, 저만의 방법도 생겼습니다. 그래서 부족하지만 이런 결과물을 낼 수 있었습니다.

물론 이것이 정답은 아닙니다. 하지만 슬로리딩 수업이라는 새로운 교육을 원하고, 적용해보고 싶으신 선생님들께 작은 나침반은 되지 않을까 생각됩니다.

토의토론을 적용한 슬로리딩 수업을 경험한 학생들의 변화는 너무나 큽니다. 또한 학생들이 스스로 수업의 중심에 있다고 느꼈다는 말을 해주었을 때 큰 감동을 받았고, 교사로서의 자존감도 커졌습니다. 수업을 진행하면 할수록 제가 학생들을 가르친 것이 아니라, 우리 반 아이들이 오히려 제게 많은 가르침을 주었습니다.

물론 저의 슬로리딩 수업은 아직 완성되지 않았습니다. 그러므로 앞으로도 꾸준하고 묵묵하게 이어가려고 합니다. 저 혼자만의 노력이 아니라, 우리 아이들과 함께 만들어갈 것입니다.

이 책을 만드는 데 도움을 주신 '행복한 미래' 출판사의 홍종남 대표님, 많은 책을 빌려주신 박현정 선생님, 엄소라 선생님, 다양한 수업을 할 수 있도록 지원해주신 권연희 교장 선생님과 성덕초등학교 선생님들, 저에게 성장할 수 있도록 많은 기회를 주신 최영순 교장 선생님, 함께 일하고 있는 박승현 팀장님, 홍정화 선생님, 서지훈 선생님, 영원한 멘토 박민우 선생님, 이용제 선생님, 변동준 선생님, 정신적 멘토 김승태 선생님, 김성욱 선생님, 임승현 선생님, 유현석 선생님, 김형오 선생님, 에듀콜라, 팟호남가 식구들, 이은기 선생님, 정창석 선생님, 그리고 이명자 코치님, 아끼는 후배 이현교 선생님, 이은총 선생님을 비롯해 도움을 주신 모든 분께 감사 인사를 전합니다.

마지막으로 늘 고생하면서도 항상 믿음과 사랑을 보내주며 책을 쓸 수 있도록 도와준 사랑하는 아내 이미화 선생님, 그리고 두 딸 하은이와 채은이, 존경하는 아버지, 어머니, 그리고 멋진 동생 김광훈 선생님에게도 커다란 고마움을 표현하고 싶습니다.

제가 강의를 하거나 수업에 대해 이야기할 기회가 있을 때 항상 하는 말이 있습니다. 저는 늘 이 말을 가슴에 새기고 실천하려고 노력합니다.

"수업은 정답을 가르치는 것이 아니라 좋은 답을 찾는 과정이며,
교사는 학생을 가르치는 사람이 아니라 배움을 디자인하는 사람이다."

이 책이 선생님의 성장에 조금이나마 도움이 되면 좋겠습니다. 감사합니다.

행복한 수업을 만드는 교육의 모든 것!

기획 홍종남

"한 한기 한 권 읽기, 슬로리딩 수업, 토의토론 수업의 레시피를 담았습니다."

[행복한 교육학®] 시리즈를 통해 교사의 이야기를 담고자 하였고, 선생님들이 행복한 수업을 할 수 있는 환경이 되었으면 합니다.

'함께하는 교육, 100년의 약속!!'의 캐치프레이즈에 맞는 인문·역사, 교육학·교육서 분야의 책을 기획하고 있습니다. 〈행복한미래〉 대표이자 출판 기획자로 20년 이상을 책과 함께 살아가고 있습니다. 『교육과정 콘서트』, 『프로젝트 수업, 배움을 디자인하다』, 『수업은 기획이다』 등의 교육서 책을 기획하였습니다. [행복한 교과서®] 시리즈를 총괄 기획하고 있습니다.